19

Les Cahiers de l'Institut Catholique de Lyon

INSTITUT DES SCIENCES DE LA FAMILLE

POURQUOI SE MARIER ?

Marie-Noëlle et Théodore ADOUMBOU, Pascale BOUCAUD, Micheline COLIN, Albert DONVAL, Bernard HOUSSET, Henri LE MASNE, Paul MOREAU, Elisabeth VAILLÉ, Jacques VERNAY

sous la direction de
XAVIER LACROIX

CAHIERS DE L'INSTITUT CATHOLIQUE DE LYON

N° 1 INSTITUT DES SCIENCES DE LA FAMILLE

A. Desserprit, P. Moreau, N. Giard, J. Clerget, Ch. Jouvenot, J.P. et S. Jouguelet, E. Gounot, M.-Ph. Duplay

RESPONSABILITÉ ET SEXUALITÉ

N° 2 **Maître Eckhart**

COMMENTAIRE DU LIVRE DE L'EXODE

Traduction et introduction par Pierre Gire

N° 3 **Marie-Jeanne Bérère**

LE JEU DE LA TRADITION DANS LA PRATIQUE MASCULINE DU MINISTÈRE APOSTOLIQUE

Avant-Propos de Maurice Jourjon

N° 4 **Pierre-E. Bonnard**

PSAUMES POUR VIVRE

Avant-Propos d'Henri Bourgeois

N° 5 INSTITUT DES SCIENCES DE LA FAMILLE

P.M. Blanc, H. Bourgeois, J. Clerget, G. Chignier, M.P. Duplay, N. Eyraud, F. Greffé, F. Masson, M. Mégard, P. Moreau, E. Richard, M. Verdier.

CORPS ET CULTURE

N° 6 INSTITUT DES SCIENCES APPLIQUÉES

Colloque 8 et 9 février 1980

M. Ascarate Diz, M. Bertrand, G. Blardone, F. Demitri, Ch. Duquoc, J. Ellestein, G. Hourdin, A. Lachlize-Rey, J. Lacroix, M. Moissonnier, A. Spire.

LES MARXISTES DÉCOUVRENT-ILS DIEU ?

N° 7 INSTITUT DES SCIENCES SOCIALES APPLIQUÉES
SEMAINES SOCIALES DE FRANCE

Colloque 22-23-24 avril 1981

J. Alberti, A. Barrère, G. Blardone, P. Chopelin, G. Dahan, J.-L. Faure, J. Frossard, H. Puel, J. Vincens.

EMPLOI ET AVENIR DES JEUNES EN EUROPE, EN FRANCE ET DANS LA RÉGION RHÔNE-ALPES

N° 8 GROUPE DE TRAVAIL DE LA FACULTÉ DE THÉOLOGIE DE LYON

sous la direction de Jean Alberti et Michel Durand

FAUT-IL ENCORE TRAVAILLER ?
ÉLÉMENTS POUR UNE RÉFLEXION THÉOLOGIQUE SUR LE TRAVAIL ET LE REPOS

Avant-Propos d'Henri Bourgeois

N° 9 GROUPE INTERDISCIPLINAIRE DE LA FACULTÉ DES SCIENCES

animé par Le Père Gustave Martelet

ÉMERGENCE ET ORIGINALITÉ DE L'HOMME

(épuisé)

AVANT-PROPOS

« *Pourquoi se marier ?* » : la question aujourd'hui si souvent entendue ou devinée n'a plus la signification qui a longtemps été la sienne. Jusqu'aux années soixante-dix, elle exprimait la remise en cause d'une institution dont le sens paraissait établi. Elle était porteuse, dans son intonation même, d'une négation ou d'une affirmation, de la contestation en tout cas de ce qui, pour d'autres, pour la majorité des autres et pour le contestataire lui-même, semblait aller de soi : la spécificité du mariage, dans ses dimensions éthique, sociale ou religieuse. Refus d'un engagement indissoluble, critique du droit civil, hostilité à la conception chrétienne. « *J'ai l'honneur de ne pas te demander ta main* », chantait bravement Georges Brassens. Honneur d'un anti-conformisme qui situait les concubins en marge d'un certain ordre social et moral. Pour ne pas se marier, il fallait avoir ses raisons. Par un étrange et insensible renversement, c'est aujourd'hui pour se marier qu'il faut avoir des raisons. La question devient en quelque sorte naïve : perdue l'adhésion spontanée à une vénérable institution, quelles difficultés pour en retrouver et reformuler la trame !

Le colloque organisé du 23 au 26 mars 1986 par l'INSTITUT DES SCIENCES DE LA FAMILLE a d'abord tenté de comprendre les facteurs de cette mutation, ainsi que la portée et le contexte de la question. Mais il ne suffit pas d'analyser. Aussi place fut-elle faite au risque d'une parole qui propose sinon une réponse du moins des perspectives de sens, des mobiles, un horizon à la question des raisons de se marier.

Un point commun entre plusieurs exposés fut la critique de l'omniprésence d'un thème aujourd'hui rebattu, celui de « *la crise du mariage* ». En réalité, comme le déclarait, depuis, le démographe Lincoln H. Day, « les statistiques sur les modèles de mariage ou de divorce se rapportent à des unions légalement constituées et n'apportent aucune information sur les *fonctions* » (1). Le propos vise ici les fonctions affectives, économiques et démographiques. Mais combien plus cela est-il vrai des *significations* ou enjeux de sens ! Car, comme l'a fortement établi Jean Lacroix (2), le sens ne se confond pas avec les fonctions, et c'est l'une des dérives de la culture

(1) Entretien avec Jean-Charles DUQUESNE, *La Croix*, 25/8/1987.
(2) *Force et faiblesses de la famille*, Seuil, 1948, p. 46.

contemporaine que de substituer les secondes au premier. Saturés de propos négatifs sur la baisse, les ruptures et les échecs, nos contemporains attendent une parole encourageante, étonnante, réjouissante. « *Ce qui manque à notre époque, ce n'est pas la réflexion, c'est la passion* » (3).

Car le mariage n'est pas essentiellement un phénomène social ; il est d'abord une aventure spirituelle. D'où la nécessité de dégager les enjeux radicaux d'un tel engagement. Le mariage est-il (vaine) tentative de restauration d'une unité perdue, par l'abolition du manque et de la distance, comme le comprend le mythe des androgynes, prégnant, sous de nombreuses variantes, jusqu'à nos jours ? Par un terrible malentendu, c'est une telle sécurité, dans un bonheur de morts-vivants, que beaucoup attendent de la vie de couple. Le mariage tel qu'il se révèle dans sa vérité est, au contraire, le lieu où prendra toute sa dimension l'expérience de l'altérité. Dans l'indissolubilité se joue « une partie impossible à esquiver » (4), celle de l'épreuve de la différence, qui est aussi révélation de l'Autre, non dans l'assouplissement de l'accoutumance, mais dans une reconnaissance toujours recommencée. La critique des images fusionnelles ou romantiques du couple est toujours nécessaire : encore faut-il que la sous-tende et la relaie la révélation de la saveur de l'altérité.

Pourquoi se marier ? Pour aimer sans conditions. L'amant, conscient des limites de son amour présent, se donne du temps pour apprendre à aimer. Il prend le risque de l'engagement irrévocable, pour passer du calcul au Don, de l'association à l'Alliance. Dans sa tranquille audace, il rend publique cette décision intime. Il accepte que devienne civile et régie par le droit une union qui, donnant alors naissance à une nouvelle cellule sociale, s'en trouve renforcée. Baptisé et reconnaissant l'amour authentique comme don de Dieu, il vit cette alliance comme sacrement, c'est-à-dire participation effective à la dynamique pascale et construction de l'Eglise. Le mariage chrétien dit explicitement ce qui est au cœur de tout amour authentique : le mystère du don total. « Il n'est pas de plus grand amour que de donner sa vie pour ceux qu'on aime » (5).

X.L.

---

(3) Soeren KIERKEGAARD, *Crainte et tremblement,* Aubier, p. 60.
(4) Expression de Louis BEIRNAERT, *L'indissolubilité du couple,* réédité in « *Aux frontières de l'acte analytique* », Seuil, 1987, p. 152.
(5) Jean 15, 13.

PLAN DE L'OUVRAGE

Ont participé à la rédaction de ce volume :

Théodore & Marie-Noëlle ADOUMBOU, Couple franco-béninois. Enseignant et médecin, étudiante à l'I.S.F.

Pascale BOUCAUD, Docteur en Droit, Directrice de l'Institut des Droits de l'Homme de l'Université Catholique de Lyon, enseignante à l'I.S.F.

Micheline COLIN, Conseillère conjugale, thérapeute de couple, enseignante à l'I.S.F.

Albert DONVAL, Enseignant à l'I.S.F., Responsable de la formation au Conseil Conjugal et Familial

Bernard HOUSSET, Secrétaire National de la Pastorale familiale

Xavier LACROIX, Directeur de l'Institut des Sciences de la Famille, Philosophe et théologien

Henri LE MASNE, Chargé de cours à la formation continue de l'Université Lyon II

Paul MOREAU, Docteur en philosophie, enseignant à l'I.S.F.

Elisabeth VAILLE, Sociologue, enseignante à l'I.S.F.

Jacques VERNAY, Official du diocèse de Lyon. Professeur à la Faculté de Théologie de Lyon

Première partie

Les couples face au mariage

SUR QUOI FONDER LA DUREE ?

Qu'est-ce qui peut faire tenir ensemble, pour la durée d'une vie, un homme et une femme ? Sur quoi faire reposer ce lien pour qu'il dure ? Ou encore, d'où nous vient *le dur désir de durer* ensemble ?

La question de la durée du lien entre un homme et une femme est à l'évidence une question d'actualité. C'est une « question actuelle », comme on dit, au risque d'oublier qu'elle est aussi une question fondamentale qui resurgit dans l'actualité, qui rebondit en actualités. Quand les pharisiens demandent à Jésus s'il est permis à un homme de répudier sa femme pour n'importe quel motif, c'était aussi une question d'actualité. Et Jésus de renvoyer au commencement, à l'origine, au fondement. Sans doute n'en aura-t-on jamais fini avec la question de ce qui peut faire tenir ensemble un homme et une femme pour la durée d'une vie, dans des actualités différentes. Ce n'est évidemment pas une raison pour traiter avec mépris les formes actuelles dans lesquelles est posée la question du lien entre l'homme et la femme. L'actualité, l'événement, la conjoncture sont les lieux mêmes où la question fondamentale prend du relief, déclenche l'intérêt et donc sollicite la réflexion.

I — Que se passe-t-il dans l'actualité ?

Un dépérissement du mariage et une émergence du couple, les deux phénomènes étant associés. Je ne veux pas ici illustrer ce double phénomène sociologique par des chiffres ou par les discours, parce qu'il me semble suffisamment établi et connu. Ce dont je prends acte c'est du déplacement dans la manière de penser et de chercher à résoudre la question du lien entre l'homme et la femme. Le couple est devenu la forme éminente et dominante dans laquelle cherche à se penser et à se résoudre le lien entre un homme et une femme. On disait « se marier » ou « se mettre en ménage » ; on dit : « se mettre en couple, cohabiter, vivre ensemble, vivre en concubinage ou en union libre »... Nous assistons et nous participons à un déplacement de la valeur de référence dominante. Au sentiment d'obligation du mariage s'est substituée la croyance dans le couple.

Que recouvre ce déplacement ?

Une autre manière de penser et de résoudre la question du lien entre l'homme et la femme. Quelle autre manière ? Le mariage traditionnel mettait l'accent sur la dimension sociale du lien conjugal et sur son intégration dans des ensembles plus vastes. Il assurait et réglait les principales modalités concrètes de relations entre les conjoints : les fonctions, les rôles, les échanges affectifs, les jeux et les enjeux de pouvoir. Il incluait aussi un projet de durée et de stabilité. Cela n'empêchait pas, éventuellement, des fuites du désir ou des sautes d'amour, hors cadre, mais au total ce n'était là que déviance, errance ou péché.

L'idée de couple propose une alternative à l'obligation du mariage. Elle met l'accent sur l'autonomie du destin conjugal, à l'abri des ingérences de la société : « qu'est-ce que la société et l'Eglise ont à voir là-dedans ? » Elle insiste sur le dynamisme et la régulation interne des attentes et des projets des partenaires entre eux. Elle fait appel à la vérification continue du bien-fondé du lien qui se tisse au fil du temps. Philippe ARIES associe historiquement l'avènement du couple à la « grande révolution de l'affectivité » et à « la colonisation du mariage par l'amour » (1). A l'enracinement social du lien conjugal comme enracinement prioritaire se substitue l'enracinement psychique comme enracinement prioritaire. Le couple moderne ne semble pas être d'abord un refus du mariage, mais la recherche tâtonnante d'une autre voie pour penser et tenter de résoudre ce qui en est le principal enjeu : la rencontre d'un homme et d'une femme.

Points d'interrogation en chaîne

En 1960, Paul RICŒUR écrivait :

« Il s'est noué un pacte précaire entre Eros et l'institution du mariage qui n'est pas sans contrepartie, sans sacrifice, sans souffrance et même parfois sans destruction d'humanité ; le mariage reste le pari cardinal de notre culture quant au sexe ; ce pari n'est pas entièrement gagné ; sans doute ne peut-il être entièrement gagné ; c'est pourquoi le procès du mariage est toujours une tâche possible, utile, légitime, urgente... » (2)

Ce texte date d'un quart de siècle, et on peut dire que ce qui s'est passé en vingt-cinq ans illustre largement sa vérité. Le procès du mariage est devenu réalité.

Les mouvements de libération sexuelle ont engendré leurs propres limites, notamment en se fourvoyant dans des techniques sexologiques où le désir

---

(1) *Le couple et le risque de la durée*, Collectif, 1977, pp. 101-110.
(2) Revue « Esprit » nov. 1960. *La sexualité* p. 1670.

n'est pas véritablement engagé. Qu'en est-il alors du rapport entre l'homme et la femme ? Sur quoi peut-il se re-poser ?

Ni sur l'institution du mariage qui, dans sa logique propre, est contrainte et aliénation. Ni sur le sexe qui, dans sa logique propre, est errance et mirage. Entre les critiques de l'une et les désenchantements de l'autre se tient le couple, nouvelle valeur en bourse, pourrait-on dire, nouvelle idôle de la modernité en mal d'amour. La devise de ses fans : « A deux, c'est mieux » !

La statue de l'idôle est à peine dressée – l'idée de couple comme forme éminente de lien entre l'homme et la femme est en effet toute récente qu'apparaissent des signes de son déboulonnement. Quels signes ?

Le retour du mariage : on dit que ça revient et que ça nous revient d'Amérique. Plus sérieusement, une nouvelle réflexion est entreprise sur les enjeux du mariage et du non mariage (3).

La revendication de la liberté individuelle et de l'indépendance : « chacun chez soi, chacun dans son appartement », nouvelle modalité de relation à deux. Un couple, oui... mais à distance maxima l'un de l'autre. Annie DAUBERTON réclame le droit de dénoncer et de haïr cette suprématie du pair et de la paire dans notre société. Elle revendique le droit à l'impair.

« Voilà, je hais le couple. Evidemment, dit comme ça, on attire un sourire en coin ou une caresse compatissante sur la joue, du genre : « Tonton Sigmund Freud a un œil sur toi, regarde du côté de Papa-Maman, tu comprendras... Tu veux simplement casser le joujou parental ! Le coup du « psy » pour vous remettre dans le rang me met dans un état de rébellion avancée. Car j'ai oublié de dire que je hais le couple de façon intuitive, prémonitoire, militante et révoltée » (4).

De différents côtés, l'idée même de faire couple, la croyance mise en lui, son image se trouvent être interrogées, attaquées. Simple dépit amoureux ? Sans doute pas. On peut y voir plutôt le resurgissement d'une même question qui s'était déjà posée à propos du mariage : le lien homme-femme peut-il se penser et se résoudre en terme de couple ? Là où le mariage a – dit-on – échoué, le couple peut-il réussir ? En effet le déplacement de l'un à l'autre est porté par le secret espoir qu'il en soit ainsi. C'est le ressort principal du succès de l'image du couple, en même temps que l'explication majeure de l'intolérable de son éventuel échec.

Mais, au fait, qu'est-ce qui fait courir après le couple ou qu'est-ce que le couple a à nous courir après ? Poser cette question est un détour nécessaire pour en poser ensuite une autre : *qu'est-ce qui peut faire tenir ensemble un homme et une femme ?*

---

(3) « Pastorale et Famille », *Dossier* n° 105-106, Secrétariat National de Pastorale Familiale – 4 Citée du Sacré-Cœur 75018 PARIS. – E. SULLEROT « *Pour le meilleur et sans le pire* », Fayard, 1984.

(4) Revue « Autrement », avril 1980, *Couples !* Annie DAUBERTON, *le Droit à l'impair*, pp. 70-72.

II — Ce qui fait courir après le couple

Notre propos ici n'est pas de vouloir décrypter les itinéraires éminemment subjectifs de quiconque s'est engagé dans une vie à deux. Que personne donc ne cherche à y lire son parcours personnel : toute ressemblance avec des histoires réelles est purement fortuite ! Nous cherchons seulement à repérer quelques lignes de force qui, dans l'ambiance culturelle d'aujourd'hui, font insistance dans le choix de vivre à deux sous l'appellation de couple.

Ce qui fait courir après le couple ? Le sentiment d'abord.

« Nous sommes une génération romantique qui ne supporte pas de fonder un couple sur autre chose que l'amour même » (5). L'image du couple est associée à l'image de l'amour. Pas d'amour, pas de couple ! Le refus de l'institution du mariage ou plus exactement l'interdit, le plus souvent implicite, de se marier repose sur la crainte diffuse que le mariage ne soit le meurtre de l'amour. S'il est d'abord contre-indiqué et le plus souvent traité par prétérition, c'est qu'il porte en lui un risque majeur : tuer le sentiment d'amour. Inversement, l'existence de celui-ci autorise la mise en place et le fonctionnement d'une vie en couple.

Comme cela se dit et se fait : « Nous nous aimons... nous nous mettons ensemble ». L'acte de cohabiter – sans autre forme de procès – repose sur l'instantané du sentiment comme condition de vie à deux.

« La logique du sentiment est une condition reconnue de vie à deux. Elle justifie tout à la fois la constitution et la dissolution du couple. Plus de sentiment, plus de couple. Pas d'argent, pas d'épices » (6).

Que recouvre ce sentiment d'amour ?

C'est selon, évidemment ! Selon quoi ? Selon le rêve de chacun de trouver l'autre exactement là où il se place, pour soi-même. Un grand-père de 75 ans, raconte :

« J'ai perdu mon père à 3 ans. Ma mère s'est mise à boire très rapidement après la mort de mon père. J'en ai beaucoup souffert. Je me suis marié. Ma femme a été pour moi une vraie mère tout au long des jours de ma vie. Aujourd'hui, elle est vieillissante et malade. Je me retrouve seul et sans appui ».

---

(5) Revue « Autrement ». *Couples !*, p. 140.
(6) Revue « Lumière et Vie », n° 174, oct.-nov. 85, article de Joël CLERGET « *Un, deux, trois* », p. 7.

Cet homme avait trouvé sa partenaire au lieu précis où, en lui, une autre (sa mère) avait cruellement fait défaut. Il le savait, il le disait et il y tenait. Ainsi en est-il de l'éclat amoureux qui vient à point nommé réveiller des cicatrices ou des rêves antérieurs, dans l'espoir de les guérir ou de les réaliser. Autant de sentiments amoureux, autant de figures de l'irrépressible besoin d'être aimé ou d'aimer, d'être porté ou de porter, d'être désiré ou de désirer. Rien de dérisoire dans cette chute amoureuse, merveilleuse chute où deux êtres croient pouvoir trouver la clef de leur mutuel comblement.

La dominance généralisée de l'idée de couple sur celle de mariage vise à mettre en valeur et en exergue les dimensions sentimentales et passionnelles du lien de l'homme et de la femme. C'est cela d'abord qui nous fait courir après le couple ; c'est pourquoi d'abord le couple nous court après ! On comprend ainsi que de plus en plus tôt des adolescents se mettent à faire couple. Etre adolescent n'est-ce pas justement être amoureux, plus passionnément sans doute qu'à tout autre âge de la vie. Lorsque plus tard des adultes redeviennent amoureux n'est-ce pas en lien avec ce temps de vie que fut leur adolescence ?

On comprend alors la diversité possible des itinéraires de couples. Certains peuvent tenir absolument à ce que aimer soit équivalemment être amoureux, sans renoncer le moins du monde à l'image qu'il en ont, que ce soit avec le même partenaire ou avec un autre, pris alors comme double du premier. D'autres, par déception ou par crainte de l'image première de leur rencontre amoureuse, pensent la rejeter pour s'installer dans une communication purement fonctionnelle. Il en est d'autres qui, dans l'expérience de ce qu'il y d'inévitablement défaillant dans l'amour amoureux, entreprennent d'élaborer, à partir de lui, d'autres formes de liens vivants et substantiels. Ceux-là auront dû, chemin faisant, prendre acte du fait que le discours d'amour n'est pas l'amour, que le sentiment d'amour n'est pas l'amour, que le couple initialement imaginé n'est pas ce qui permet de fonder le lien d'un homme et d'une femme.

Ce qui fait courir après le couple ?... D'être deux, mais en UN...

L'image du couple évoque immédiatement le fait d'être deux, ce que n'évoque pas d'abord le mariage. Se marier, à la mairie ou à l'église, implique au contraire la présence médiatrice d'un tiers. On peut se mettre en couple entre soi, à deux ; on ne peut se marier entre soi, à deux. Il y faut un troisième, quelles que soient les modalités civiles ou religieuses de la fonction et de la signification de ce tiers. L'efficace de ce tiers est de signifier d'emblée à quiconque désire vivre à deux que cela est réellement et symboliquement impossible.

Qu'à cela ne tienne ! Cet impossible pari est justement ce qui fait la force de séduction de la rencontre d'un duo. Si les autres n'ont pas réussi (les parents notamment...) c'est qu'ils n'ont pas su s'y prendre. L'idée du couple ne vient-elle pas à point nommé pour réaliser enfin ce rêve d'être deux ? Deux, oui, mais comment ? En ne faisant qu'UN, recommandait un peu facilement une certaine idéologie chrétienne. Un, oui, mais lequel, dit l'humoriste. Tantôt l'un, tantôt l'autre, pourrait-on suggérer dans un souci de réalisme. Mais alors quand sont-ils deux ? Insoluble opération de vouloir ainsi faire coïncider directement un et deux, deux et un.

Laissée à elle-même, la logique imaginaire du couple aspire pourtant à cette coïncidence. Personne n'en guérit jamais vraiment, et le couple se fait, se défait et se refait avec l'espoir que cela reste possible, d'une manière ou d'une autre : soit en réclamant du partenaire ce qui très particulièrement nous manque, soit en l'imaginant comme un autre soi-même, soit en faisant de lui un objet d'amour sans faille. La violence de la passion est toute entière dans le désir de correspondance immédiate entre un et deux. Elle oublie que l'homme et la femme ne peuvent s'unir que sur fond de séparation, se trouver que sur fond de perte.

La dominance généralisée de l'idée de couple ne repose-t-elle pas, en partie, sur cette fiction de l'unité à deux ? Cela aussi fait courir après le couple. Prématurément parfois pour des adolescents, peuvent penser des adultes. Cela s'explique pourtant. Le temps de l'adolescence comme temps de vie spécifique est en effet une expérience nécessaire mais éprouvante d'unité perdue avec les parents, premiers objets d'amour. Rien d'étonnant à ce que, dans une culture où le duo couplé est la grande valeur de référence du lien interhumain, les adolescents ne s'y jettent eux aussi, à la recherche d'une unité perdue et à retrouver. Certains, il est vrai, en reviennent bien vite, comme en reviennent aussi des hommes et des femmes adultes, effrayés par l'emprise de dévoration exercée sur eux : sentiment d'étouffement, perte de sentiment de liberté individuelle, crainte de l'intrusion, angoisse de la fusion. La progression actuelle des couples où chacun reste chez soi, à distance de l'autre, est la réplique inversée du mythe tenace de l'unité fusionnelle. On peut y associer aussi le développement de nouvelles formes de célibat.

Ce qui fait courir après le couple ? La poursuite d'idéaux non réalisés ailleurs

La coupure entre la vie privée et la vie publique est une donnée de fait, repérable dans les mentalités et les comportements. Dans cette coupure, la vie conjugale et familiale s'est réfugiée plutôt du côté de la sphère privée : couple-refuge, famille-repli. Refuge et repli contre une vie sociale abstraite, contraignante, inégalitaire, soumise absolument aux rapports marchands et à la lutte des pouvoirs. Et, de fait, elle l'est, même si, ici ou là, des îlots d'alternative sociale ont pu émerger, cherchant à s'instaurer sur d'autres formes de rapports humains.

Qu'en est-il résulté du côté de l'image du couple ? L'espoir de pouvoir y réaliser des idéaux non réalisés ailleurs, c'est-à-dire dans la vie sociale. Sur fond d'inégalité des sexes dans la vie professionnelle, le couple se cherche comme lieu d'égalité entre partenaires. Sur fond de calcul et de rapports marchands dans la vie sociale, le couple se cherche comme lieu de gratuité et de don réciproque. Sur fond d'omniprésence des rapports de domination et de pouvoir dans la vie économique et politique, le couple se cherche comme lieu de partage et de communion. Idéal d'égalité, idéal de gratuité et de don, idéal de partage du pouvoir en sont venus à faire courir après le couple, à l'abri des lois d'airain de la vie sociale. Du moins pouvait-on le croire.

L'écart entre le couple rêvé, idéalisé comme lieu de comblement de ce qui n'est pas réalisé ailleurs et ce qui se passe entre un homme et une femme marqués dans leur corps et dans leur tête par ce qu'ils vivent dans le réel social, est bien souvent une mise à l'épreuve de ce que l'un et l'autre avaient espéré. Pour une large part, en effet, la coupure entre la vie privée et vie publique, entre vie conjugale et vie sociale, relève de l'imaginaire. C'est une fiction. Le couple aussi est marqué d'inégalités, de calculs et de luttes de pouvoir qui lui sont propres. Il est seulement plus difficile de les traiter et de les régler dans la mesure où les partenaires sont trop intérieurement habités par l'idée qu'ils ne peuvent y avoir cours, en raison de l'image même qu'ils se font du couple.

Reprise de notre questionnement

Notre question centrale est la suivante : la substitution du mariage par le couple – ce qui représente le mouvement tendanciel actuel – permet-elle de penser et de régler (mieux) le lien de l'homme et de la femme ? Là où le mariage a – dit-on – échoué, le couple peut-il réussir ? Pour élaborer la question, nous avons cherché à mettre en évidence quelques raisons de faire couple, comme il existe aussi des raisons de se marier. Et nous voilà au pied du mur, avec des raisons face à d'autres raisons... Et c'est bien ainsi que, la plupart du temps, le débat est engagé entre les partisans du non mariage et ceux du mariage.

Alors, comment trancher ? Nous disons que rien ne fait, de soi, rapport tenable et durable entre un homme et une femme, soulignant par là le caractère inévident de tout ce qui est dit, hier comme aujourd'hui, comme pouvant lier de manière absolue un homme et une femme pour le temps de vie qui est le leur. Hier on disait et on faisait (fait de discours, fait de société) comme si le mariage institutionnel pouvait garantir le lien entre un homme et une femme. Aujourd'hui, on dit et on fait (autre fait de discours, autre fait de société) comme si le couple – nouvelle valeur de référence – pouvait garantir ce lien. En vérité, – qu'il soit organisé dans le mariage ou dans le couple – le lien ne peut se fonder absolument ni dans l'un ni dans l'autre, comme tel. Ce qui est souligné dans ces deux textes :

« Le pari d'une éthique de la tendresse c'est que, en dépit des risques de l'institution, le mariage reste la meilleure chance de la tendresse... La fusion de l'institution et de l'éros sublimé en tendresse est-elle à tous coups réussie ? Rien ne peut le garantir. C'est pourquoi une secrète faille menace l'aventure entière de la sexualité humaine à travers laquelle se poursuivent plusieurs desseins discordants » (7).

« Ni l'amour, ni les serments, ni l'institution ne garantissent la durée du couple, car ils se heurtent à la différence, au défaut de satisfaction, aux mensonges, et au manque de crédit accordé à l'institution. Reste à chercher dans la faille ainsi ouverte, dans l'absence de garantie, l'enjeu impossible à éluder qui peut fonder l'indissolubilité. Or, ce qui se pose dans l'absence de raisons est toujours de l'ordre d'une foi » (8).

Ces deux textes prennent acte d'un même postulat : rien n'est de soi inscrit et défini d'avance qui puisse faire rapport entre un homme et une femme. C'est pourquoi la question de ce qui peut fonder leur lien est d'aujourd'hui comme elle était d'hier. Son actualité est de génération en génération. Il nous faut donc l'aborder à présent.

III — Le lien homme-femme : sur quoi le fonder

D'où peut venir à un homme et à une femme l'intime conviction qu'il faut que ça dure ? Sur quoi peut s'appuyer le dur désir de durer ?

Pas d'abord sur les raisons de s'être mis ensemble et d'y rester

Il est bien naturel qu'un homme et une femme se soient mis ensemble pour des raisons qui leur sont propres. Autant de couples, autant de raisons ! Il est bien naturel aussi que ces raisons évoluent au fil de leur histoire commune, sans que jamais on ne puisse savoir à l'avance comment elles évoluent. On ne peut donc tout à fait se fier aux raisons qui ont présidé au choix initial du conjoint. Telle est la part de vérité contenue dans les discours de ceux qui refusent l'engagement parce que, disent-ils, ils ne savent pas ce qui peut arriver. Et, de fait, quand un couple dure c'est qu'il se donne encore des motifs de faire route ensemble. Ça peut être un sentiment amoureux, un ensemble de besoins sexuels et affectifs, des en-

---

(7) Revue « Esprit », n° cité, RICŒUR, p. 1670.
(8) Louis BEINAERT dans *Le couple et le risque de la durée, op. cit.*, p. 166.

fants, les avantages d'une situation acquise à deux, les incertitudes liées à un éventuel acte de séparation, l'épreuve insurmontable que serait un travail de deuil si se perdait l'objet d'amour...

De telles raisons – et bien d'autres encore – agencées très singulièrement pour chaque couple, permettent de comprendre sa permanence. Elles jouent une fonction de maintenance. Il est hors de question de nier leur place dans l'ordre de la constitution et du fonctionnement du lien entre un homme et une femme : c'est tout ce qui fait l'histoire concrète du couple dans l'aléatoire et l'incertitude. Mais il est hors de question aussi de leur donner une place dans l'ordre du fondement du lien. Quel destin pour un partenaire d'être là seulement parce que l'autre en aurait besoin ! Quelle vie pour des enfants dont l'existence serait de maintenir ensemble un homme et une femme ! (N'entend-on pas dire : nous restons ensemble pour les enfants). Quelle injure pour une femme dont l'homme ne serait là que parce qu'il ne s'imagine pas d'être ailleurs ! Devoir chercher des raisons d'être ensemble n'est plus vraiment être ensemble, pas plus que devoir chercher des raisons de vivre n'est plus vivre vraiment. Une telle recherche de motifs et de raisons, laissée à sa propre logique, ne peut fonder en vérité le lien entre un homme et une femme. Où, alors, chercher ce fondement ?

Dans un enjeu de rencontre

Ce qui tient ensemble un homme et une femme n'est pas le couple qu'ils forment. Ce qui les tient ensemble est le fait que le couple soit le lieu et l'enjeu d'une rencontre. Dans un magnifique roman, Doris LESSING fait participer le lecteur aux souffrances et aux joies de la rencontre entre BEN ATA, roi soudard de la zone quatre, et AL ITH, souveraine de la zone trois, obéissant l'un et l'autre à un Ordre venu d'en haut leur demandant d'unir leur destin et celui de leurs deux royaumes que tout séparait.

« Les jours passèrent. Un soir que la lumière s'en allait, elle vit, de l'autre côté du cours d'eau, un homme qui paraissait ressembler à Ben Ata. A un gué de pierres elle traversa le ruisseau et, remontant en courant la rive opposée, s'en fut vers cet homme qui se trouvait au-delà de la frontière... Elle vit que ce ne pouvait être que Ben Ata : l'homme était maigre, avait l'air désespéré et ne semblait rien posséder de cette solidité de taureau qui était l'essence même du roi de la zone quatre. Et pourtant ardemment elle désira aller vers lui et alors elle comprit que c'était bien Ben Ata. L'impossible les séparait et lors ils restèrent là, à se regarder et elle cria : « Ben Ata » et lui, au bout d'un moment d'attente, aussi cria : « Al Ith », d'un ton bourru.

Leurs voix leur furent étrangères, à l'un et à l'autre, elles leur rappelèrent qu'ils étaient des êtres différents, et combien à se réunir ils se déchiraient.

Et pourtant ils ne bougèrent pas et les ténèbres descendirent et bientôt ils ne virent plus que des ombres autour d'eux » (9).

Al Ith et Ben Ata se tiennent au lieu de leur couple pour s'y risquer, corps et âme, dans une rencontre qui ne tient jamais totalement ses promesses. L'Ordre qui leur est intimé d'en haut de s'unir – quoi qu'il en soit – leur tient lieu d'interdit de se séparer, tant qu'ils n'auront pas été à l'extrême de leur désir et de leur volonté de se rencontrer. Il leur faut durer au lieu de leur couple pour en découvrir l'enjeu véritable.

Quel enjeu ? Celui de l'accès à la vérité de ce qui les unit et de ce qui les sépare, inévitablement. Au fur et à mesure de leurs fréquentations, ils découvrent autant les raisons de se séparer, que de rester ensemble. S'ils restent ensemble et tant qu'ils restent ensemble, ce n'est pas seulement pour les raisons qu'ils en ont. C'est pour un enjeu de rencontre, sur fond de manque et de différence.

« La prise en compte de la différence et du manque ne peut être que radicale, et c'est par là seulement, dans la nuit ou l'absence où l'on accepte d'entrer, que pourra surgir autre chose, la vérité même d'un désir mutuel et d'un amour, inimaginables avant, passés par la mort » (10).

La grande affaire, le pari risqué de ceux qui se mettent en couple ou qui se marient n'est-il pas cette œuvre de mutation progressive de leur désir et de leur amour dans le temps de leur histoire ? Le sens du couple n'est pas d'être deux, pas plus que le sens du mariage n'est seulement d'organiser les échanges entre les hommes et les femmes. Ce qui fonde couple et mariage est le risque pris d'une rencontre entre deux dans un espace-temps social.

*
* *

Dans l'épreuve qu'est cette rencontre, la sexualité fait limite : le masculin est irréductible au féminin et le féminin au masculin. C'est pourquoi Jésus y renvoie comme à la limite originaire dont « la répudiation pour n'importe quel motif » n'est qu'une modalité de résolution historique parmi d'autres. L'Eglise catholique elle-même ne peut être que pharisaïque quand, à la demande « que faut-il faire ? », elle ne renvoie pas à l'impensable de la différence sexuelle, mais qu'elle impose une doctrine des fins du mariage telle qu'elle est connue : procréation et fidélité conjugale. Non que procréation et fidélité soient négligeables, mais elles ne peuvent prendre sens que comme effet de rencontre toujours singulière. La sexualité fait limite, irréductiblement, et c'est en quoi aussi, comme toute limite, elle ouvre des possibles. C'est dire que la rencontre est à inventer entre l'homme et la femme exilés aux deux bords séparés d'une commune existence.

---

(9) Doris LESSING, *Mariages entre les zones trois, quatre et cinq*, Seuil, 1980, p. 145.
(10) *Le couple et le risque de la durée, op. cit.*, p. 167.

Et de quoi disposons-nous pour nous engager dans cette œuvre d'invention et pour y demeurer le temps d'une vie ? La réponse à une telle question est à chercher/trouver dans l'après-coup : qu'est-ce qui a fait tenir ensemble un homme et une femme dans une fidélité créatrice ?

* L'engagement dans une parole

Au commencement, écrit l'auteur de la Genèse, est la différence. Au commencement, écrit l'évangéliste Jean, est la Parole. Lorsqu'un homme et une femme se séparent, c'est qu'ils ne se parlent pas, qu'ils ne se parlent plus. Lorsqu'un homme et une femme « se parlent mal » quelque chose se brise dans leur rencontre. La cohabitation sur le champ – « on s'aime, on se met ensemble » – n'est pas fragile ou violente parce que manque l'institution comme telle. Elle est fragile ou violente dans la mesure où fait défaut un travail de langue et un engagement de parole d'où naît l'amour entre l'homme et la femme. L'« ars amandi » – si précieux aux Anciens – est à ce prix. Parler « juste et bien » de ce qui se passe pour soi dans la rencontre avec le partenaire est éprouvant, comme est éprouvant d'écouter le partenaire parler de ce qui se passe pour lui ou pour elle dans la rencontre. Cela passe inévitablement par des moments de vacillement et du désir et du plaisir d'être encore ensemble.

* Le vacillement du désir n'est pas sa défaillance. Quand celle-ci se produit et s'installe dans la relation entre l'homme et la femme, ce qui est éprouvé n'est plus de l'ordre du manque, mais de l'ordre de l'échec. C'est dire que la parole ne suffit pas. Il y faut aussi le désir et ce qui le cause dans le corps de l'autre.

Parole et désir, désir et parole se relancent mutuellement. Ce qui peut unir un homme et une femme pour le temps d'une vie c'est ce lien entre désir et parole, à l'intérieur de chaque partenaire et entre les partenaires. C'est assez dire la fragilité de ce qui peut fonder la rencontre d'un homme et d'une femme pour la durée d'une vie.

« *La relation avec autrui, c'est l'absence de l'autre ; non pas absence pure et simple, non pas absence de pur néant, mais absence dans un horizon d'avenir, une absence qui est le temps* » (11).

La durée, temps d'une rencontre ?

Voilà la question.

Albert DONVAL

(11) LEVINAS, *Le temps et l'Autre*, p. 83-84

COUPLE ET MARIAGE

Approche sociologique de leurs relations mouvementées

Le mariage... un problème !

D'une institution qui « allait de soi », d'une étape de la trajectoire amoureuse et conjugale qui était évidente, le mariage est devenu un « problème » : problème au sens d'objet de discussion, de questionnement, quelquefois d'angoisses, mais aussi au sens de « problème à résoudre ». Pourquoi se marier ?... mais pourquoi pas ?...

Le mariage n'est plus contesté ou haï comme institution « bourgeoise » par quelques anarchistes, il n'est pas non plus convoité par les « classes laborieuses » comme un bien rare : tout simplement il est désinvesti...

Comme Lucy Mair (1) on pourrait se poser la question « à quoi sert un mari ? »

– « à faire d'une femme une femme honnête » nous dit-elle. Mais aujourd'hui quelles sont les femmes – surtout si elles ont diplôme et activité professionnelle – qui attendent de leur mari prestige et statut social ?

– « à donner des enfants légitimes à une femme » mais aujourd'hui la plupart des enfants nés hors mariage (19 % des enfants nés en 1986) sont reconnus par au moins un de leurs parents qui peuvent entamer une procédure en légitimation.

– « à donner un père à des enfants » : là aussi nous constatons qu'on peut être père sans être mari, la loi de juillet 87 sur l'autorité parentale conjointe des concubins renforce cette possibilité.

– « à faire certains travaux pénibles » en ce domaine les concubins semblent participer au moins autant que les maris aux tâches ménagères.

– « à insérer le couple dans un réseau familial » : à ce propos le concubinage rime peut-être davantage avec lignage que le mariage ! (cf. les thèses de F. Héritier).

– « à transmettre un héritage, un nom » : l'enfant hérite aujourd'hui du ou des parents qui le reconnaissent.

---

(1) Lucy MAIR, *Le mariage*, Petite Bibliothèque Payot, 1971.

C'est une nouvelle manière de penser le mariage, volontiers « utilitariste » que nous révèlent les dernières enquêtes sur le sujet : « à quoi ça va me servir », « qu'est-ce que ça va m'apporter de plus », ceci alors même que persiste une conception romanesque du couple.

Aujourd'hui il ne suffit plus d'opposer couple et mariage (concubins et mariés) pour comprendre ce que certains appellent « la crise du mariage » et ce que j'appellerai plus volontiers un nouveau modèle de relations entre ces deux institutions, un nouveau modèle de relations entre privé et public.

Quelques chiffres bien connus ont fait l'objet d'une telle publicité qu'on ose à peine les rappeler ici, si ce n'est pour pointer ce « jamais vu social » dont parle E. Sullerot (2) :

- 1962 : 315 000 mariages
- 1972 : 415 000 mariages
- 1980 : 334 000 mariages
- 1982 : 312 000 mariages
- 1986 : 266 000 mariages

Mais ces non-mariés vivent la plupart du temps en couple : « un million de couples non mariés » titre le journal La Croix-l'Evénement le 14 mars 1986 (reprenant les chiffres de l'INSEE) : ils sont statistiquement célibataires, définitivement perdus pour le mariage : ils augmentent le « stock des mariages non conclus » (3) et permettent de prévoir un taux de célibat définitif de 36 % (du jamais vu là aussi) (4). C'est un nouveau modèle de célibataires : en couple, souvent avec enfants, diplômés, de classes moyennes urbaines... qui prend la place de l'ancien modèle : prêtres, religieuses, ou petits paysans pauvres !

On pourrait se « rassurer » en remarquant que s'il y a un million de couples non mariés, il y a douze millions de couples mariés, ou en constatant ces derniers mois avec l'INSEE, un ralentissement de la baisse du nombre des mariages... Cette petite comptabilité ne peut occulter un phénomène massif : celui de la nouveauté des modèles conjugaux et matrimoniaux.

Les enjeux affectifs et idéologiques que représente toujours le mariage n'ont pas facilité la tâche des historiens et des sociologues et ont souvent eu pour effet de mettre des œillères au commun des mortels.

---

(2) E. SULLEROT, *Pour le meilleur et sans le pire*, Fayard 1984, chap. II « les faits à travers les chiffres », p. 26-60.
(3) *Ibid.*, p. 31.
(4) En France depuis 200 ans, le taux de célibat définitif (% des non mariés à 50 ans) oscillait entre 7 à 13 %. Ce taux variait avec les guerres, les famines, etc...

Enjeux affectifs, car l'histoire de chacun de nous s'enracine dans les amours et les alliances de nos parents (d'où la difficile objectivité), enjeux affectifs qu'illustrent les tensions et conflits qui ressurgissent dans les familles à l'occasion du choix amoureux ou du concubinage de nos enfants (les grands parents n'étant d'ailleurs pas toujours les moins tolérants).

Enjeux idéologiques bien connus aussi mais tellement considérables que la réalité historique en est travestie plus d'une fois : un exemple, l'amalgame souvent fait entre Eglise et mariage. Ph. Ariès, avec d'autres historiens, nous ont au contraire rappelé que jusqu'au XIIe siècle, le mariage est une union de fait, sanctionnée par la communauté, une sorte de mariage coutumier (5). La preuve du mariage était faite à cette époque par ce que le doyen Carbonnier appelle « la possession d'état ». Jusqu'au XIIe siècle, le prêtre est un témoin du mariage, mariage qui comme l'a montré G. Duby (6) est conçu, du moins dans l'aristocratie, davantage comme alliance entre familles que comme alliance entre deux individus : l'Eglise insiste, au grand dam de ces nobles, sur le nécessaire consentement des époux, petit à petit seulement elle va ritualiser le mariage (fiançailles, monogamie, publication des bancs...) mais jusqu'au Concile de Trente (XVIe siècle) la « frontière est floue entre mariage et concubinage » (7). Le mariage religieux a effectivement précédé le mariage civil, qui deviendra en 1792, le seul mariage légalement valable.

L'invention du couple : dans les mentalités occidentales, couple et mariage étaient habituellement associés ; on aurait tendance aujourd'hui à les dissocier, couple *ou* mariage, voire à les opposer, comme le domaine du sentiment, de l'affectif, du spontané, du privé – le couple – à celui de la contrainte, de la loi, de l'institution, du public – le mariage. Mais s'il y a de plus en plus de couples sans mariage, il y a peut être des mariages sans (vie de) couple, il y a quelque fois des couples mariés pour qui le cadre institutionnel est seul garant de la survie de couple, il y a aussi des couples non mariés qui ne se séparent pas pour autant au moindre conflit et où chacun se sent à l'égard de l'autre des droits mais aussi des devoirs. Or le couple – comme institution (8) distincte du mariage – n'a pas toujours existé en Occident : c'est ce que nous enseignent historiens et sociologues de la famille. De même que le mariage d'amour ou la famille nucléaire, le

---

(5) Nous adoptons ici la définition anthropologique du mariage donnée par M. AUGE dans *Les domaines de la parenté,* Maspéro, 1975, p. 32 : « complexe de normes sociales sanctionnant les relations sexuelles d'un homme et d'une femme en les liant par un système d'obligations mutuelles et de droits, par cette union, les enfants auxquels la femme donne naissance sont reconnus être la progéniture légitime des deux partenaires ».
(6) G. DUBY, *Le chevalier, la femme et le prêtre,* Hachette (Pluriel), 1987.
(7) S. CHALVON-DEMERSAY, *Concubin-concubine,* Le Seuil, 1983.
(8) Institution : au sens de forme d'organisation des relations homme/femme établie par la coutume et pas seulement par la loi.

sentiment du couple n'a eu d'existence sociale que très tard (9). A une époque où le lit conjugal est davantage un carrefour de la vie sociale (il est situé au milieu de la pièce principale), l'exigence que nous avons aujourd'hui d'une séparation systématique des espaces privé et public semble absente des mentalités. ...« Les occasions de relations sexuelles abritées derrière le mur de la vie privée étaient de plus en plus rares et la promiscuité de plus en plus fréquente à mesure que l'on descendait dans l'échelle sociale... Un couple aisé avait plus de facilité à se garder des contacts avec les autres qu'un couple pauvre – encore qu'il reste difficile de démontrer qu'avant le XVIIe siècle, les couples de toutes natures, riches ou pauvres, eussent jamais songé à mettre à profit la possibilité de s'isoler que leur offrait leur demeure » (10).

Le couple est d'abord unité de production et de reproduction : l'intimité est rare, difficile, peu revendiquée jusqu'au XIXe siècle. Le « couple n'a pas d'existence parce qu'il n'a pas d'espace et pas de temps pour lui » (11) (et ceci même dans les classes sociales où la taille de l'habitation permettait plus d'isolement au couple marié). Le couple est intégré dans des ensembles plus vastes, la famille, la communauté villageoise, que ce soit pour les activités productives ou pour les « loisirs », pour les naissances, les mariages ou les décès. « La notion de couple a-t-elle même un sens dans la France rurale du XIXe siècle ? » (12). « L'émergence du sentiment du couple » fut concomitant avec ce que E. Shorter appelle « la montée de la famille nucléaire » ou de « l'esprit domestique » : la famille nucléaire va devenir une unité sentimentale mais aussi d'éducation et de production distincte des ensembles plus vastes auxquels elle était intégrée.

Au XIXe siècle, c'est d'abord dans les milieux bourgeois que s'amorce ce mouvement de privatisation de la vie conjugale et familiale qui petit à petit va diffuser dans les autres classes, ou, comme l'affirme M.O. Métral, leur être imposé : l'esprit de famille nous dit-elle, est une invention de la bourgeoisie pour « canaliser l'énergie révolutionnaire que représentent les masses laborieuses rassemblées et solidaires tout en profitant du fait que ces masses étaient contraintes par la vie économique (13) à se tourner vers l'intérieur de la famille »... « car les ouvriers sont dans une situation où le couple avec sa teneur affective peut advenir plus facilement que dans la bourgeoisie » (14). Le couple n'a donc pas toujours été « le tout du mariage » (M.O. Métral), le modèle privilégié du mariage n'a pas toujours été le mariage d'amour.

---

(9) cf. E. SHORTER, *Naissance de la famille moderne,* Le Seuil, Point, 1977.
(10) *Ibid.*, p. 52.
(11) M. SEGALEN, *Mari et femme dans la société paysanne,* Flammarion, 1980.
(12) *Ibid.*, p. 45.
(13) Exode rural et urbanisation.
(14) M.O. METRAL, *Le mariage (les hésitations de l'Occident),* Aubier-Montaigne, 1977, p. 213.

« Les élites éclairées du XVIIIe siècle rêvaient d'instaurer le mariage d'amour mais elles en étaient incapables aussi longtemps que leur puissance sociale restait fondée sur un patrimoine matériel » (15).

C'est un peu la même idée que développe J.L. Flandrin « si pendant des siècles l'amour existait, on ne pouvait en parler qu'en littérature profane et on ne pouvait le vivre qu'en dehors du mariage sous peine de bouleverser l'ordre social. Au début du XVIIIe siècle on se méfiait de l'amour entre conjoints : seul entre eux l'amour d'amitié était accepté... Plus ou moins convaincus de l'immoralité de ces amours (hors mariage) les élites de la moitié du XVIIIe siècle vont prétendre leur donner satisfaction ouvertement, légitimement dans le mariage... l'amour petit à petit n'est plus jugé incompatible au mariage » (16).

Sans faire d'évolutionnisme simpliste on pouvait dire qu'en trois siècles on a vu *s'inverser les relations entre mariage et couple* : d'une situation qui faisait la part belle au mariage, peut-être au détriment du couple, on est passé à une situation inverse de « mariage dupé par le couple » (M.O. Métral) après une étape intermédiaire, celle du mariage d'amour.

Cette « évolution », Louis Roussel la constate sur un laps de temps plus court, le XXe siècle (17) : pour lui, on serait passé en quelques générations d'un modèle dominant de conjugalité et de mariage, à un autre, le mariage qu'il appelle « *traditionnel* » : le caractère institutionnel y est fondamental ; le mariage a pour fonction la reproduction des lignages, des patrimoines et des valeurs, l'amour peut y exister mais l'« inclination » entre conjoints est soumise aux stratégies familiales. Le divorce est dans cette logique inconcevable.

Le mariage « *alliance* » : on se marie par amour, pour être heureux, mais l'institution mariage est le cadre juridique indispensable au maintien du sentiment (sorte de garantie de pérennité du sentiment amoureux). L'harmonie est possible (souhaitable) entre sentiment et institution ; le divorce est la solution honteuse pour ceux qui n'ont pas réussi cet équilibre.

Le mariage « *fusion* » (18) : mariage d'amour bien sûr, mais le mariage y devient une simple formalité... on ne croit plus aux vertus de l'institution pour suppléer aux défaillances du sentiment. « Le mariage ne suffit plus à retenir les échecs de la passion », comme dit L. Roussel. Puisque c'est l'amour qui fonde le mariage, quand disparaît l'amour il est « logique » de divorcer. Ce modèle conjugal et matrimonial est héritier à la fois de l'idéalisation du couple et de la privatisation de la vie conjugale.

A ceux qui se réjouissent que le mariage ne soit plus qu'une simple formalité, O. de Dinechin rétorque (19) que c'est justement parce que le

---

(15) *Ibid.*, p. 220.
(16) J.L. FLANDRIN, *Familles*, Le Seuil, 1984, p. 165.
(17) L. ROUSSEL, *Mariages et Divorces*, in Population n° 6, 1980, p. 1923 sq.
(18) Il s'agit de modèle socio-culturel et de la terminologie de L. Roussel.
(19) O. DE DINECHIN, *Pourquoi se marier ?* in Etudes, sept. 85.

mariage est devenu une simple formalité qu'on ne se marie plus ; on l'a simplifié à l'extrême pour qu'il soit le moins contraignant possible, en conséquence « la sphère du public a perdu toute capacité de signifier et de procurer autre chose que des biens économiques ».

Si le mariage-fusion est – selon L. Roussel – le modèle dominant aujourd'hui, il propose un quatrième modèle dit « *mariage-association* » où il n'y a plus de mariage du tout. Les partenaires passent entre eux une sorte de contrat privé à durée limitée aux gratifications détenues de part et d'autre.

Bien évidemment il s'agit pour chacun de nous et pour chaque génération de « modèle de référence privilégiée (inconscient), mais il est possible aussi que dans notre manière de vivre la conjugalité nous soyions passés inconsciemment d'un modèle à un autre ou que nous vivions sur un modèle intermédiaire.

« Le mariage dupé par le couple » (20)

On ne peut plus opposer mariés et concubins : ni le mode de vie quotidien, ni la division sexuelle des tâches, ni les normes d'éducation des enfants, ni l'exigence de fidélité ne tracent plus la frontière entre les uns et les autres. A l'heure où « l'institution est atteinte par cette perméabilité du couple à la passion » (21), la différence de vie conjugale est plus importante d'un milieu social à un autre qu'entre les mariés et les concubins, car « tandis que le concubinage, par l'effet de nouvelles lois, s'acheminait vers la reconnaissance et se rapprochait du mariage, celui-ci de son côté s'est mis à ressembler à l'union libre » (22) : c'est justement ce rapprochement qui est une novation : qu'il soit marié ou pas, pour la plupart des gens aujourd'hui le couple – à tort ou à raison – est voulu, recherché, comme moyen d'exorciser la solitude, de se protéger d'une société perçue comme mauvaise, anonyme..., de trouver (?) affection, bonheur, écoute et relations d'égalité.

La désinstitutionnalisation du mariage semble à la mesure de l'institutionnalisation sociale et même juridique du concubinage. « Au mariage civil et au mariage religieux se sont ajoutés ce qu'on pourrait appeler le mariage social, le mariage bancaire... » (23).

De nouveaux acteurs en effet sont apparus : notaires, juges, avocats, caisses de retraite, qui vont demander aux concubins la justification de « la possession d'état » dont parle le Doyen Carbonnier : la jurisprudence va peu à peu reconnaître aux concubins les droits et les devoirs des mariés.

---

(20) M.O. METRAL, *op. cit.*, p. 123.
(21) S. CHALVON-DEMERSAY, op. cit., p. 182.
(22) *Ibid.*, p. 181.
(23) P. BOUCAUD, *Les couples face au mariage,* in Lumière et Vie, n° 174, 1985, p. 42.

Pascale Boucaud en donne quelques exemples (24) : l'obligation morale d'assistance, qui donne à la femme abandonnée par son concubin la possibilité d'exiger des dommages et intérêts. C'est parce que, dit-elle « la jurisprudence et la législation tendent à donner aux concubins un véritable statut » que des concubins ont pu réclamer et obtenir le partage d'un capital décès avec la femme légitime.

E. Sullerot affirmait en 1984, que le statut de concubin était devenu plus avantageux que celui de marié : aujourd'hui il semble qu'on aille vers une égalisation des statuts... rien d'étonnant sans doute à une époque où le Code civil français ne fait plus référence explicite au mariage pour fonder la famille (25).

En guise de conclusion...

S'il y a crise du mariage ce n'est pas, à mon sens, parce qu'il y a une forte baisse du nombre des mariages mais parce que, comme le disait déjà L. Roussel en 1975 « *alors que le sens de l'institution matrimoniale était de conjurer la tentation du repli, d'instaurer un système stable d'alliances et d'échanges, bref de rendre l'homme social, par un étrange retournement, le mariage est devenu le lien par excellence où se retrancher des autres. Hier fondement de la société, il n'est plus aujourd'hui que le moyen de supporter l'absence de société...* » (26).

Dans ce contexte, ne pas se marier est perçu comme une « chance » de plus de sauvegarder l'intimité conjugale et d'échapper au contrôle de l'Etat et de ses institutions. On peut être sceptique : d'une part, chacun sait que l'intimité conjugale est plus souvent un « bazar affectif » (27), un terrain de violence et de réglement de comptes qu'un havre d'amour. D'autre part, par le biais des allocations, aides ou interventions multiples, le couple et la famille attendent aujourd'hui de la société, protection et assistance, dont le corollaire obligé est davantage de contrôle social. Mais l'illusion est entretenue et c'est comme si l'individu renonçait « à une part de plus en plus grande de son pouvoir de décision dans la société contre l'assurance que sa vie sexuelle et conjugale soit désormais privée » (28).

Et si, comme l'affirme aujourd'hui E. Sullerot (29) « le couplisme c'est déjà du passé », si on va vers le temps des solitaires (30), pourra-t-on

(24) *Ibid.*
(25) La famille résulte de la libre association d'un homme et d'une femme décidant de vivre ensemble, de mettre en commun leurs ressources et leurs biens, d'avoir éventuellement des enfants qu'ils élèveront ensemble.
(26) L. ROUSSEL, *Le mariage dans la société française contemporaine*, P.U.F. (INED) 1975, p. 388 (travaux et documents n° 73).
(27) M.O. MARTY *Couples* in Autrement n° 24, avril 1980, p. 122.
(28) L. ROUSSEL, *op. cit.*, p. 374.
(29) E. SULLEROT, *La Croix-l'Evénement*, 24/4/1987.
(30) Au recensement de 1982, on découvre qu'un ménage sur quatre est une personne seule, un ménage sur deux en région parisienne.

continuer à opposer l'individu à la société (comme à d'autres époques on opposait la famille à la société, ou le couple à la société) : n'est-il pas temps de multiplier et de revaloriser les réseaux de sociabilité, familiaux ou non, formels ou informels, qui seuls, à l'image des « espaces transitionnels » dont parle Winnicott sur un autre registre, permettent à l'individu de n'être livré totalement ni à lui-même, ni à l'Etat. Si on paraît s'éloigner de la « crise » de mariage c'est que cette allergie actuelle à l'institutionnalisation d'un rapport affectif se constate bien au-delà de la vie conjugale. Sans moralisme aucun, et sans prétendre conclure, j'aimerais avec le démographe et sociologue L. Roussel, poser une dernière question « le couple restera-t-il longtemps viable sans régulateur externe » ? (31). Ce régulateur doit-il être obligatoirement le mariage ? Sinon quel autre système de normes sociales, morales, économiques peut-il servir de référence aux couples livrés à leur propre intimité.

Elisabeth VAILLÉ

---

(31) L. ROUSSEL, Dialogue n° 92, 1986, p. 51.

LES EFFETS DU MARIAGE ?...

Intervenir après l'exposé si complet et si complexe d'Elisabeth Vaillé est une chance, car il m'épargne de parler de la réalité sociologique dans laquelle s'inscrivent à la fois ma pratique de thérapeute de couple, et l'expérience des couples qui me consultent. Alors qu'elle a retracé les contours du couple et du mariage contemporain en s'appuyant sur les dernières recherches, je parlerai de ce même sujet à partir de la parole des hommes, des femmes et des couples souffrants, à partir de leur intimité douloureuse, en recherche d'une issue à des crises mettant en cause quotidiennement leur union, qu'elle soit ou non consacrée par le mariage. Je suis donc témoin de tensions violentes, bruyantes, ou de silences désertiques, autres formes d'affrontements, ou encore d'harmonies troublées par l'apparition de symptômes affectant l'expression amoureuse dans la vie sexuelle, ou par l'explosion brutale de cassures dans la dyade – couple, témoin aussi, au cours de thérapies, de réorganisations heureuses et parfois de ruptures de couples définitives.

Le mariage modifie-t-il quelque chose dans ces remous et ces bouleversements ? Son absence, sa présence, jouent-elles un rôle, et lequel dans ces drames conjugaux et familiaux, dans leur évolution ? Alors qu'on s'interroge pour savoir si la désaffection du mariage risque d'avoir des conséquences lourdes sur la vie et le bonheur des couples et des familles, sur leur aptitude à constituer un milieu favorable au développement d'enfants heureux et créatifs, la rencontre des couples en difficulté permet-elle d'apporter des éléments de réponse à la question de savoir si le fait d'être marié ou pas a des effets sur la vie conjugale, en d'autres termes si l'institution du mariage est ou non utile aux couples contemporains. Nous laissons à d'autres la question de savoir si le mariage est toujours indispensable au fonctionnement du groupe social.

Dans une société pluraliste comme la nôtre, l'éthique professionnelle des thérapeutes de couples leur impose de répondre à la demande de soins émanant de couples aussi bien mariés, remariés que non mariés... ou prêts à se marier, à se démarier ou encore à se remarier... et se trouvant par rapport à leur forme de vie matrimoniale en accord ou en désaccord avec leurs convictions idéologiques ou religieuses. Cette éthique impose aussi de soigner et non pas d'inviter à une normalisation en fonction de valeurs qui appartiendraient au choix du thérapeute. Il ne s'agit pas non plus de répondre (favorablement) à une demande inopinée, formulée par des couples non mariés, qui apparaît comme une demande de légitimation, d'officialisation d'une union « libre », couples soucieux de sauvegarder une intimité idéalisée et pourtant à la recherche d'une reconnaissance institutionnelle qui la sacraliserait sans porter la marque des défauts du « vieux mariage bourgeois ». Une telle demande peut aussi émaner de couples déjà mariés, comme si insatisfaits, ils recherchaient « un 2e et dernier rituel de mariage « mariez-nous enfin » acte vécu comme restituant, réinstallant la paix conjugale à tout jamais » (1). Il importe beaucoup de démêler ces attentes du côté de la loi ou plus précisément d'un détournement de la loi, d'autres attentes, recevables celles-là, d'être reconnus comme couple de valeur, couple que l'amour et la qualité humaine n'ont pas déserté tellement le dysfonctionnement de leur couple apparaît à ceux qui le vivent comme aberrant, afin de ne pas entrer avec eux dans le mirage d'être représentant de la loi, illusion qui rendrait inaccessible la réalisation de la « tâche thérapeutique ».

Ces observations et bien d'autres m'inclinent à penser que la question du mariage ne laisse pas indifférents les couples. Qu'ils ne se marient pas, pour tenter d'éviter les échecs conjugaux des générations précédentes, ou parce que cette forme de vie leur paraît plus respectueuse de la liberté de leur partenaire, ou par refus de la tradition ou pour toute autre raison, ou qu'ils se marient, et dans ce cas l'investissement de l'institution du mariage est marqué par de grandes différences dans la valeur et les significations qui lui sont données.

Quant aux effets du mariage la pratique clinique nous fournit des observations complexes et contradictoires : soit que la décision du mariage, et le mariage semblent dynamiser et ponctuer des processus maturatifs importants et décisifs pour les personnes et leur vie en couple, soit qu'ils semblent faciliter un évitement des mêmes processus, en servant à masquer les enjeux de crises nécessaires. Pourtant je penserai volontiers que les règles matrimoniales d'une société sont encore ce qu'il y a de mieux pour accompagner et ritualiser le passage du célibat à une vie de couple dans la durée et à réguler les relations entre hommes et femmes : pourquoi alors tant de différences ? Plusieurs pistes de réflexion sont à retenir pour comprendre les effets négatifs du mariage ou son absence d'effets. Les unes se trouvent du côté des utilisateurs de l'institution qui ne seraient pas en mesure d'en saisir les significations ou qui en détourneraient le sens et les autres du côté de l'institution elle-même, soit dans l'esprit qui l'accompagne ou les fins qui lui sont assignées, soit que les réformes juridiques récentes en affaiblissent le sens. Nous allons reprendre ces différents points.

Faut-il rappeler après Xavier Lacroix que la notion d'amour conjugal est une création du temps, voire une création du christianisme. La vision moderne du bonheur dans le mariage veut concilier la création d'une famille

---

(1) Alberto EIGUER, *Thérapie psychanalytique du couple,* Dunod 1985.

avec tout ce que cela exige de combativité, de lutte pour la vie, d'insertion et de progression dans la vie professionnelle avec les plaisirs de la vie affective et sexuelle, les plaisirs de la générosité, se donner, donner, recevoir, le plaisir d'une vie sexuelle satisfaisante, réussie... toutes choses qui devraient de plus permettre l'épanouissement et l'affirmation personnels de chacun. Cette vision qui témoigne d'une ambition extraordinaire et d'une méconnaissance de la réalité psychique, est en partie la cause de l'intense désarroi des couples qui mesurent la distance existant entre ce projet et ce qu'ils vivent. (Elisabeth Vaillé rappelait aussi la solitude dans laquelle se trouvent les couples modernes pour résoudre leurs problèmes.)

La formation d'un couple est faite de la rencontre de deux histoires complexes, histoires au cours desquelles s'est construit, en même temps que sa personnalité, la sexualité propre à chacun avec sa capacité d'amour et de haine, de désir, de maîtrise et d'angoisse. Ce développement difficile comporte la possibilité d'achoppements à tous les stades et de régression à des positions antérieures quand le processus maturatif est mis en défaut. *Ce qui caractérise un rite de passage c'est qu'il ponctue une transition d'un stade à un autre en le marquant du caractère d'irréversibilité.* Le mariage en tant qu'héritier des rites matrimoniaux aurait pour fonction de symboliser une transition maturative de caractère irréversible, nécessaire à une vie de couple et de famille inscrite dans la durée.

Cette transition comporte d'abord l'achèvement du *détachement* des sujets de leurs familles d'origine, détachement des familles en tant que sources de sécurité et lieux nourriciers, des pères et mères en tant qu'objets d'amour interdits, (archaïques ou œdipiens). Si cette prise de distance s'inscrit dans une période floue, avec des semi-départs (temps de cohabitation juvénile) et des retours, l'intérêt d'un pointage plus définitif, cérémoniel s'accroît.

Avec la désexualisation des liens aux parents, peut être confirmée l'*autorisation* à mener une vie sexuelle adulte, engagée dans le temps. Cette déculpabilisation de la sexualité qui devrait permettre une plus grande liberté a des effets secondaires inattendus : elle transforme la vie sexuelle objet de désir, en devoir conjugal avec des risques de désérotisation.

Le rite matrimonial vient donner le *soutien du groupe* aux jeunes sujets dans leur ambition de devenir parents à leur tour, en rivalité directe avec leurs propres parents, et dans leur besoin d'affronter pour cela l'angoisse de castration.

La perspective de durée de l'engagement matrimonial après les expériences et les jeux de l'adolescence, apparaît aussi, comme *un garant de la continuité du moi.* La création d'un nouveau cadre conjugal et familial va donner à la vie psychique de ses membres des assises. Ce cadre est aussi un porche ouvert pour la délimitation d'un espace de procréation.

L'institution du mariage avec ses aspects contractuels participe à des *règles communes*, indispensables à la vie en société à cause du caractère imparfait de l'homme. L'existence des règles matrimoniales rappelle que l'homme (ou la femme) est un être conflictuel, divisé, incomplet, ayant besoin de se référer à une parole extérieure à lui, différente de son désir mais qui pourtant le reconnaît. Plus particulièrement le mariage et ses règles rappellent la différence des sexes indispensable à la fécondité, l'inscription dans la chaîne des générations d'un nouveau couple, l'interdit de l'inceste qui aura à régir les rapports entre les nouveaux parents et leurs enfants. Pour tout cela il apparaît comme exerçant une fonction médiatrice, régulatrice des rapports entre homme et femme dans la dyade couple. Tiers symbolique, il protège des risques de fusion et de dévoration réciproque qui menacerait une relation duelle trop intense.

La tradition du patronyme qui va changer le nom de la femme (même si son nom de jeune fille reste accouplé au nom de son conjoint) garantit aux enfants à venir leur appartenance à une double filiation. (Cette double filiation qui est parfois très difficile à accepter en profondeur pour les mères.)

Le temps du mariage est un temps à double versant. Un versant de perte et de renoncement, renoncement à l'enfance, à la sécurité, à une certaine forme d'amour des parents, à l'ambition de vivre seul en liberté, versant qui comporte de douloureuses ruptures, et un versant d'accès à la vie, à l'amour, à la fécondité, au bonheur, au risque de vivre et de créer à deux. Plus les renoncements et les ruptures sont bien faits, plus les chances de vie et de bonheur sont grandes : les rites festifs viennent parier en faveur de la vitalité de l'union nouvelle. Les opérations psychiques internes à effectuer par les sujets dans ce temps de rupture et d'union nouvelle sont complexes, elles passent par l'affrontement et le dépassement de l'angoisse dépressive et de l'angoisse de castration, opérations auxquelles les uns et les autres sont bien diversement préparés, que le mariage devrait signifier, symboliser, accompagner.

C'est bien ce sens là que certains de nos consultants semblent donner au mariage et que d'autres semblent éviter. Je vais tenter de le montrer par deux exemples cliniques illustrant deux manières d'utiliser le mariage.

Observation I : La décision de mariage déclenche une crise maturative dont le mariage vient ponctuer le dénouement.

Marie Noëlle, quand elle consulte, vit avec Alain depuis près de deux ans. Ils viennent de décider de se marier. Cette jeune femme de 25 ans n'a pas eu la vie facile. Ses parents ont divorcé, alors que la famille vivait dans des conditions économiques très dures, causées par le chômage et les inconséquences de son père. L'éclatement de la famille a été marqué par les violences à l'intérieur de la famille, les disputes et par les agressions venues de l'extérieur, les saisies, les expulsions. Devant l'importance de la dépression de sa mère elle a tout pris en charge, se débrouillant pour résoudre les problèmes de logement, d'argent, d'administration, se mettant à travailler sans achever les études entreprises.

Son départ pour vivre avec Alain deux ans plus tard a déclenché une nouvelle dépression de sa mère, qu'elle a soutenue au mieux avec l'aide de son ami. Aujourd'hui sa mère vit avec deux enfants majeurs et a retrouvé un équilibre. Quant à elle, cette prise de décision d'un mariage dans six mois, l'angoisse beaucoup. Les insatisfactions sexuelles et relationnelles dans sa vie de couple lui apparaissent grandes et un risque de détérioration se fait jour. Pourtant c'est sur le lien qu'elle a avec sa mère que vont se centrer pour un temps les entretiens. Elle s'interroge sur le caractère excessif de ce lien, renforcé au cours des épreuves familiales alors que sa mère lui paraissait une victime innocente des inconséquences de son père, alcoolique. N'existe-t-il pas une sorte de possessivité réciproque au cœur de ces échanges si fréquents entre elles deux ? possessivité dont se plaint son ami. La réflexion et le travail intérieur lui permettent peu à peu d'effectuer une prise de distance, qui passe par une désidéalisation du personnage maternel, lorsqu'elle se souvient d'un certain nombre de détails de la vie familiale, et une transformation des relations qui se poursuivent avec sa mère : relations affectueuses mais moins proches, où elle se permet davantage d'être différente d'elle. Par ailleurs, cet autre regard sur le passé de ses parents, lui permet de nuancer la violence des jugements portés à l'égard de son père. Elle se souvient à nouveau de tous les bons moments passés avec lui et ce qu'il lui donnait. Une certaine réhabilitation de ce père l'amène à renouer des relations avec lui et à accepter qu'il revienne chez sa mère. Le travail de Marie Noëlle lui permet une prise de distance, un détachement marqué par deux renoncements symétriques : renoncer à une trop grande proximité avec sa mère, et à une haine tenace à l'égard de son père qui la gardait aussi comme accrochée à lui. Tout ce travail de deuil ne s'est pas fait sans difficulté ni douleur. Marie Noëlle a été tour à tour, déprimée, révoltée, douloureuse, mais elle en sort plus autonome, plus forte, avec des liens moins passionnés et plus pacifiés avec ses parents. Son estime pour son futur mari a grandi et elle se réjouit désormais de bientôt porter son nom, alors qu'elle avait tant redouté de perdre son nom de jeune fille.

Au moment de son mariage, il n'y a pas de grand changement dans sa vie, elle et son mari ont encore de grandes difficultés à affronter mais elle se sent plus libre, plus forte, plus heureuse aussi et croyant davantage aux chances de leur couple dans l'avenir... Son attitude a gagné en simplicité et en spontanéité.

La décision du mariage a propulsé Marie Noëlle dans une crise difficile mais féconde, au cours de laquelle elle a remis en chantier un travail inachevé de détachement de sa famille d'origine. Le rite du mariage vient s'ancrer sur un travail intérieur et signifier qu'elle est libre, dégagée des liens anciens, pour contracter un lien d'alliance avec celui qui sera son mari. L'histoire de Marie Noëlle lui avait rendu plus difficile qu'à d'autres ce travail maturatif mais elle a l'avantage de nous offrir une vision « grossie à la loupe » de phénomènes qui se passent de manière plus inaperçue dans des histoires moins dramatiques. Il faut noter aussi que Marie Noëlle a d'autant plus manifesté que le mariage avait pour elle un sens qu'elle respectait, qu'elle vivait depuis un certain temps déjà avec Alain.

Observation II : Evoquons maintenant une autre situation que l'on pourrait intituler « Du mariage utilisé pour éviter une crise maturative difficile... »

Violette consulte alors qu'elle est engagée pour la deuxième fois de sa vie dans un divorce. Elle vit désormais avec ses trois enfants et l'homme qu'elle aime depuis deux ans et se sent menacée par les tensions internes liées à sa situation, elle, qui évoque en sanglotant son rêve de faire à ses enfants une famille stable, conforme à des convictions religieuses qu'elle garde très vivantes.

Jeune fille, née après un frère, adorée de ses parents, mais aussi malmenée, elle découvre à 17 ans passés que son père n'est pas celui qu'elle croyait : il trompe sa mère. L'émotion et la colère sont de courte durée, dans la mesure où elle se lance elle-même dans une aventure amoureuse passionnée qu'elle demandera à cautionner rapidement par le mariage. Ce mariage lui permet de ne plus voir ce qui se passe chez les parents et de vivre sa vie dans une autre ville que la leur. Il est insatisfaisant et de courte durée, le jeune mari court ailleurs, elle demande le divorce.

Après une très courte expérience de solitude son père meurt et Violette, interrompant ses études, prend en charge sa mère, cette mère qui lui interdit de pleurer. Avec elle, elle renoue des liens très serrés, et se remarie très vite (quelques mois après) avec un homme qui l'accepte avec sa mère. Le mariage vient resserrer les liens mère-fille, et les naissances viennent combler la jeune grand-mère, pour qui le mari fait preuve d'une très grande gentillesse. Violette se débat avec des symptômes physiques mystérieux et s'angoisse d'hémorragies inexplicables, signes à ses yeux de maladies graves qu'aucun médecin ne diagnostique. Elle se laisse dorlotter par mère et conjoint assumant cependant ses tâches familiales.

Ses enfants ayant grandi, Violette veut terminer les études entreprises autrefois et ce faisant rencontre un homme pour qui elle éprouve un amour tel qu'elle part vivre avec lui en emmenant ses enfants. Ses études terminées, elle travaille, assume la charge de ses enfants, vit avec son ami et se porte comme un charme, tous ses symptômes ont disparu. Cependant outre son mari pour qui elle garde une profonde estime, elle a perdu sa mère qui ne lui pardonne pas sa conduite.

Ainsi, il y a eu pour Violette deux mariages qui ont échoué mais en étudiant attentivement les circonstances de ces deux mariages, on peut voir qu'ils sont survenus de manière précipitée alors que Violette était en difficulté dans son histoire.

Pour le premier mariage, Violette se trouvait très atteinte dans son affection pour son père. Il lui aurait fallu faire face à un douloureux travail de désidéalisation d'un père adoré, vivre à son endroit la douleur, la colère, avant d'arriver au détachement nécessaire à l'égard d'un père. Cette désidéalisation aurait été d'autant plus lourde qu'elle aurait contraint Violette à une relecture du passé et à se situer devant les défaillances de ses parents pendant son enfance, défaillances qu'elle a toujours niées. L'exaltation de l'aventure amoureuse et du mariage est venue masquer ces réalités et faciliter l'évitement des processus de détachement nécessaires. On peut penser aussi que le recours au mariage est venu colmater les angoisses suscitées par l'apparition violente des exigences de la sexualité génitale, et les angoisses de la mère de Violette, devant la sexualité de sa fille, ont contribué à précipiter celle-ci dans le mariage, alors qu'aucune certitude sur la qualité du lien en train de naître n'était encore acquise.

Jeune divorcée, seule, assumant matériellement et moralement sa vie Violette allait devoir s'affronter aux problèmes évités auparavant et voilà que meurt son père... Le renoncement à faire là n'est plus celui de l'image idéalisée d'un père, il faut vivre la perte réelle d'un père qui a été très aimé et qui a beaucoup déçu. La prise en charge de sa mère avec toute l'activisme qu'elle impose est déjà un palliatif. Le mariage, qui entérine les retrouvailles de la mère et de la fille, vient obturer le travail de deuil que nécessiterait la mort du père et verrouiller les processus de dégagement des parents. La symptomatologie somatique sera le signe de ce blocage. Ainsi, une seconde fois, Violette recourt au mariage pour éviter les dégagements indispensables de sa famille d'origine. On peut penser que sa culpabilité à l'égard de sa mère, son désir de la réparer affectueusement, de réparer aussi son premier échec conjugal, par un mariage sérieux conforme aux souhaits de ses parents, ont contribué à cette nouvelle précipitation dans le second mariage : un double mariage avec un mari, et avec sa mère.

« Quand je serai grand j'épouserai maman », « quand tu seras morte, je me marierai avec papa »... ainsi les premiers désirs de l'enfance, concernant le mariage ont été marqués par un détournement de sens, vouloir de l'institution précisément ce qu'elle interdit... aussi comment jeter la pierre à Violette qui a mésusé à deux reprises du mariage mais qui aujourd'hui est enfin affrontée à ce douloureux travail qu'elle avait, inconsciemment, cru pouvoir éviter.

Par ailleurs comment s'étonner qu'un rite matrimonial n'ait pas d'effet quand il est utilisé à contre-sens. Par ces deux observations, j'ai montré deux utilisations du mariage assez caricaturées, pour rendre évidente la nécessité d'un accord minimal entre le vécu des sujets et le sens d'une institution : Usage et mésusage du mariage doivent se mêler dans des proportions variables, dans la plupart des unions et ainsi limiter la portée de ses effets. *Le rite matrimonial ne peut en aucun cas suppléer à un travail psychique qui ferait défaut.* Au mieux vient-il signifier et marquer d'un poids symbolique le travail fait. Ainsi il en amplifie la portée par la symbolisation sociale donnée, et il témoigne de la pacification des relations que donne au sujet sa propre acceptation du tiers symbolique que représentent les règles sociales. De surcroît il ne faut pas oublier que des défaillances lourdes dans l'histoire d'un sujet peuvent le rendre incapable d'accéder au sens de la règle et du rite, donc incapable de bénéficier de ses effets, vaste sujet qui ne sera pas traité ici.

Après avoir interrogé la façon dont hommes et femmes peuvent utiliser le mariage, le détourner de son sens, et ainsi le rendre sans effet, il est indispensable de se demander, même rapidement, si le mariage si radicalement mis en cause aujourd'hui, n'est pas vidé de sens par ce qui en définit l'esprit et les règles.

Ainsi notre amie Violette a été fort encouragée dans sa façon de recourir au mariage par ce qu'il en était dit dans le milieu religieux où elle était élevée, et qui définissait le mariage surtout par « ses fins ». Si les fins du mariage sont d'une part la mise au monde des enfants et d'autre part l'aide mutuelle entre époux... ne se conformait-elle pas alors à ces définitions qui exaltent outre les fins procréatrices du mariage l'aide mutuelle entre époux par l'« amor benevolentiae » qui se purifie au cours des années de tout élément passionnel et qui acquiert peu à peu cette sagesse de la parfaite amitié qui veut le bien de l'autre dans la limite enfin trouvée du possible... » (2). De telles définitions méconnaissent radicalement la difficulté inhérente à la relation homme-femme et à la sexualité, et en masquent les problèmes. La difficulté fondamentale c'est l'existence du désir et sa puissance. Désirs incestueux maintenus dans l'orbite des parents de la famille d'origine, désirs refoulés, pour laisser place à une amitié désexualisée, et réapparaissant sous la forme de symptômes (qu'on se souvienne de la symptomatologie de Violette). A moins qu'ils ne fassent violemment retour en fracassant l'ordre établi. De telles visées d'amitié sage et parfaite « au lieu de faire la lumière de front sur les exigences propres à la sexualité et à la rencontre de l'autre, ne les masquent-elles pas plutôt en y ajoutant les leurs ?... » (3). Cet évitement, venant se greffer sur d'autres évitements plus personnels ceux-là, dont nous avons parlé tout à l'heure conduit à la résurgence d'autres modes inadaptés de la pulsion... symptômes inhibitions, angoisse, ou encore à son ressurgissement là où on ne l'attend pas, c'est-à-dire dans une érotisation excessive de la relation entre parents et enfants, érotisation angoissante, insécurisante et mettant les enfants en difficulté dans leur développement.

Une idéalisation du mariage dans ses aspects oblatifs et généreux risque aussi de masquer la difficile économie de l'échange entre mari et femme. Le mariage en tant qu'engagement à aimer l'autre sans contrepartie, engagement dans une relation d'amour absolu me paraît contenir d'autres formes d'évitements de la souffrance. Si la loi désigne et structure, l'idéalisation de l'amour et de l'objet aimé protège les sujets de l'angoisse dépressive liée à la reconnaissance de l'intrication amour-haine présente

---

(2) Ph. JULIEN, *les textes catholiques et la sexualité* in Dialogue n° 76 – le sexe et ses lois – 19 rue Lacaze Paris 75014.
(3) *Ibid.*

dans toute relation forte, et les retient en amont d'une reconnaissance des failles du sentiment amoureux qui pourtant donnent une respiration nécessaire à la vie du couple, aimer toujours et sans contrepartie est pour celui qui tente de le vivre ainsi une garantie contre les risques de la perte de l'amour de l'autre et une forme d'enfermement : « je t'aimerai toujours même si tu ne m'aimes plus, même si tu ne me donnes plus rien », d'attachement narcissique.

Dans un registre tout à fait différent, on peut parler des modifications très importante apportées aux représentations du mariage, par les changements encore récents des règles matrimoniales civiles, la loi de 1975 en introduisant le divorce par consentement mutuel et en réduisant considérablement la place du divorce pour faute était inspirée par la sagesse. « Toute loi trop souvent transgressée est mauvaise : c'est au législateur à l'abroger ou à la changer, de peur que le mépris où cette folle ordonnance est tombée ne s'étende à d'autres lois plus justes » (4). Les règles antérieures du divorce conduisant à tant de truquages ridicules et préjudiciables, les règles nouvelles sont très marquées par le respect des personnes souhaitant divorcer, respect de leur vie privée, du secret de leurs motivations à se séparer, de leur liberté. Mais *avec la notion de consentement mutuel, le juridique se réduit de plus en plus à un rôle de constat, plus proche de l'administratif.* Si les règles juridiques du mariage et du divorce protègent à la fois la société contre les dangers du couple et les partenaires du couple contre les dangers d'une relation interpersonnelle violente, c'est parce qu'elles introduisent de la parole, du symbole, une médiation, un tiers dans la relation dyadique. Le constat d'une décision entièrement privée, garde-t-il valeur symbolique ? N'y a-t-il pas un recul du droit qui ferait perdre aux rites judiciaires matrimoniaux leurs significations symboliques ? On peut aussi se demander si la vie des couples non-mariés, bien qu'échappant au cadre juridique du mariage et à ses aspects religieux ne se trouve pas prise néanmoins dans d'autres réseaux d'intégration sociale et juridique qui ne sont pas dépourvus de valeur.

En conclusion

Malgré la démonstration constante des immenses difficultés de la vie conjugale, le couple reste un lieu d'immenses espérances, d'immenses attentes... L'état amoureux avec ses moments d'expérience fabuleuse entretient tous ces espoirs, et l'institution du mariage peut en apparaître faussement le garant. Les effets du mariage n'ont rien de systématique, au mieux l'institution vient-elle représenter et amplifier l'acceptation d'une règle tierce dans le couple, aux prises avec les insondables inattendus de la rencontre entre homme et femme et de la sexualité.

---

(4) Marguerite YOURCENAR – *Les mémoires d'Adrien*, N.R.F. 1972, p. 120.

Faut-il admettre que les meilleures lois matrimoniales ne lèveront pas « le malaise inhérent à la sexualité, pour la simple raison que les lois morales et les organisations sociales n'en sont pas la cause. Reconnaître cela, n'est-ce pas commencer à les (les lois matrimoniales) respecter, en cessant de leur demander ce qu'elles ne peuvent pas donner » (5).

Peut-on espérer cependant que dans leur forme, elles ne soient pas n'importe quoi, et qu'elles puissent rester porteuses d'une parole qui ait un sens ?

Micheline COLIN

(5) Ph. JULIEN, *op. cit.*

Deuxième partie

Couple de fait
Couple de droit

L'INSTITUTION DU MARIAGE

Réflexion philosophique sur le sens du mariage dans sa dimension sociale

Le mariage est en crise ; du moins il pose question : à supposer que demeure ou réapparaisse l'exigence d'engagement et de fidélité, caractéristique de l'amour en ce qu'il est absolu, ce qui pose question c'est l'inscription de cet amour dans le cadre social, en somme le mariage civil. Bien imprudemment déconsidéré par l'Eglise face au sacrement il est souvent pour les croyants simple formalité et pour les autres mascarade dont on peut aisément se passer ou alors significatif de la présence intolérable de la société qui prétend tout contrôler ; l'amour, dit-on, ne regarde pas la société ; ainsi ressurgit le vieux dilemme : amour sans institution ou institution sans amour. Loin de vouloir à tout prix défendre le mariage tel qu'il existe aujourd'hui, encore moins de prétendre le restaurer tel qu'il était dans on ne sait quel âge d'or, cette réflexion qui se veut philosophique se donne comme objet une instauration : quel peut être le sens du mariage dans sa dimension sociale du point de vue de la personne, du couple, de la famille, de la société ? En quoi représente-t-il pour le couple un engagement envers la société ? Ce sera l'objet de la première partie de cette recherche. Dans une deuxième partie on se demandera en quoi il est solennellement pour le couple demande de reconnaissance et de protection envers la société. Enfin pour terminer on fera apparaître que dans le mariage civil, dans l'institution du mariage, c'est le droit qui se montre, non pas pour rivaliser avec l'amour, mais pour le médiatiser et arbitrer des relations familiales qui, abandonnées à elles-mêmes, risqueraient bien d'être réglées par la plus grande violence.

Un engagement envers la société

Pour commencer et à titre d'hypothèse considérons le type de relation interhumaine que représente le mariage en tant que, dépassant les stades sentimental et contractuel, il est caractérisé par l'engagement et la fidélité.

Engagement et fidélité sont des exigences caractéristiques d'un véritable amour, c'est-à-dire dans lequel, fondamentalement, le lien dans sa constitution et sa subsistance dépasse la logique dure de la recherche de l'intérêt, de telle sorte que l'autre est reconnu comme fin et ayant, au-delà de tout prix, une valeur absolue, autrement dit inconditionnelle. C'est ainsi que, en tant qu'engagement, ce lien se distingue radicalement de tous les liens caractéristiques de la société civile, en particulier dans les relations économiques, les relations marchandes, c'est-à-dire en somme les relations contractuelles dans lesquelles l'autre n'est jamais que partenaire : avec le partenaire on se lie pour obtenir des avantages déterminés (dans le couple ils peuvent être d'ordre matériel, sentimental, érotique), pour une durée déterminée ; dans la logique du contrat il est insensé de demeurer lié si l'on n'a plus d'avantage à recevoir de l'autre, de continuer à donner sans contrepartie. De quoi témoigne le bon sens populaire lorsque, pour se dégager d'un lien contractuel dans lequel autrui prétendrait nous maintenir, on déclare : Eh quoi, on n'est pas marié ensemble ! Ce qui vaut inversement comme preuve que le mariage lie au-delà de la recherche et de l'acquisition d'avantages déterminés. De ce fait l'amour qui se vit dans le couple marié peut apparaître dans sa singularité exemplaire de ce que pourraient être, dans une société transformée, des relations entre les hommes qui ne soient pas seulement marquées par la recherche de l'intérêt et telles que ceux-ci ne soient pas considérés comme simples moyens.

Mais à supposer que le mariage soit effectivement reconnu et vécu sous l'éclairage des exigences d'engagement et de fidélité, ces exigences ne risquent-elles pas d'être confinées dans l'existence privée de telle sorte que demeurent parfaitement hétérogènes monde privé et monde public ?

L'existence publique apparaît comme étant de plus en plus dévalorisée : elle est marquée par le travail, l'affrontement, la lutte, l'anonymat, l'inauthenticité ; c'est le règne du rapport de force dans lequel l'autre est rival, adversaire, ennemi des relations médiatisées et arbitrées dans le meilleur des cas par le contrat. Dans cette existence on s'engage de moins en moins, de telle sorte qu'on tend à en abandonner l'organisation à une minorité de techniciens et d'élus. De façon générale on constate comme un mépris pour la *chose publique,* c'est-à-dire, selon l'étymologie, pour la *république.*

L'existence privée, au contraire, se trouve de plus en plus valorisée tant en ce qui concerne l'espace (la maison) que le temps (le week-end, les vacances), que les activités (le loisir). A la limite, travailler pour vivre, c'est ne pas vivre pendant que l'un travaille afin de vivre enfin lorsque l'on ne travaille plus : on ne vit véritablement que dans la sphère du privé ; ailleurs on ne vit pas vraiment : tout le monde public, qu'on y travaille, y étudie, y achète, y circule n'étant en quelque sorte conçu que comme moyen (hélas incontournable) en vue d'assurer la vie privée.

Au centre de la vie privée, le couple tient une place centrale : du couple on attend de plus en plus de gratification (ce qui ne veut pas dire qu'on les reçoit effectivement) ; de lui on attend tout le bonheur possible, ce qui explique peut-être son extrême fragilité dans la mesure où l'on attend de lui ce qu'il ne peut à lui seul accorder. Contre un monde considéré comme dur et menaçant, le couple apparaît comme refuge mais aussi comme alibi : pour vivre heureux, vivons caché. Il n'y a plus rien à faire pour transformer le monde public qui se trouve ainsi abandonné à lui-même, à n'être réglé que par la dure loi du conflit, au mieux du contrat, de telle sorte que l'autre y est toujours adversaire, du moins simple partenaire, mais dont toujours il convient de se méfier. De ce fait, à supposer que dans le couple (et la famille en général) on vive vraiment selon l'exigence de l'amour (service, respect, écoute, don sans contrepartie), on considère qu'une telle exigence se limite à ne régler que la vie privée de telle sorte qu'en dehors elle apparaisse comme naïve, voir angélique.

Contre cette séparation dont témoignerait le refus de la dimension sociale, civile, publique du mariage, le mariage civil, dans son caractère public peut bien apparaître comme marqué par une volonté de réconciliation : en s'inscrivant dans la vie sociale, en se donnant une existence publique, le couple témoigne de ce que l'exigence d'amour qui l'anime d'abord dans la singularité et la vie privée ne s'impose pas seulement dans cet ordre mais qu'il représente aussi une exigence pour l'ensemble des relations interhumaines, qu'il porte en lui déjà le sens de toute véritable relation entre les hommes, qu'il est dans sa dimension singulière et privée porteur d'une signification universelle et publique, de telle sorte que le monde public, loin d'être abandonné à n'être marqué que par les relations d'intérêt et de violence, puisse être enrichi, voire transformé par l'amour. « Le mariage, écrit Eric Fuchs, est un acte social [...] parce qu'il exprime dans son essence-même la promesse d'une société réconcilié, où la finalité de la vie commune n'est pas la rivalité mortelle, mais la reconnaissance de l'autre, où la vie est accord et fruit et non compétition et esclavage » (*Le désir et la tendresse* p. 186).

Le mariage peut alors être considéré comme significatif du refus de partager l'existence humaine en deux mondes hétérogènes, le premier, *privé,* caractérisé par le règne de l'amour, le deuxième, *public,* par le règne de la violence. Il pourrait être ainsi considéré comme un nœud entre le privé et le public, non pas évidemment pour abolir la différence entre ces deux mondes (ce qui serait en niant le temps et l'histoire prétendre être parvenu dans un illusoire paradis) mais pour témoigner d'une espérance qui est d'ordre prophétique et dans l'immédiat, pour ménager entre ces deux mondes, contre la tentation de la coupure, une permanente médiation.

Ainsi par le mariage le couple s'engage envers la société ; mais plus modestement chacun des membres du couple s'engage envers l'autre ainsi qu'envers les personnes qui feront partie de la famille.

Se marier devant la société c'est en effet pour les membres du couple accepter solennellement, et mieux revendiquer des devoirs : ceux d'assurer la protection matérielle et morale des personnes de la famille.

Ce qui apparaît bien dans cette formule célèbre : pour le *meilleur et pour le pire ;* pour le meilleur, c'est-à-dire pour le bonheur, aussi longtemps que des conditions favorables le rendent possible ; pour le pire, c'est-à-dire au minimum de telle sorte qu'on soit capable d'affronter les malheurs, les souffrances (maladies, handicap, vieillesse) qui tôt ou tard apparaissent dans l'existence des familles. Se marier devant la société pour le meilleur et pour le pire, c'est réclamer d'emblée qu'à la famille ainsi constituée par le mariage revient en priorité et selon le fameux principe de subsidiarité, la responsabilité de prendre en charge le malheur et la souffrance, que cette responsabilité ne sera pas, lorsque le malheur succédera au bonheur, abandonnée à la société.

Au contraire se marier pour le meilleur et sans le pire, selon l'excellente et ironique formule d'Evelyne Sullerot, c'est considérer que le malheur, la souffrance n'ont pas leur place dans la famille, que la famille n'a pas à prendre soin de celui qui souffre. A la société donc de prendre en charge le pire, le malheur et la souffrance, grâce à l'arsenal d'intervenants, d'assistants, d'institutions, d'allocations dont elle dispose. Qu'il y ait alors mariage susceptible de se défaire par consentement mutuel, c'est-à-dire en somme simple contrat, ou plus simplement non-mariage, ce qui caractérise le lien c'est précisément cette absence d'engagement face aux difficultés à affronter : si ça ne va plus, alors on se sépare ; au conjoint délaissé peuvent alors succéder les enfants délaissés, les ascendants abandonnés qu'il appartiendra à la société de prendre en charge.

Mais alors la société devient de plus en plus puissante, de telle sorte que paradoxalement la méfiance envers la société qui détermine le non-mariage, contribue objectivement au développement d'une société de plus en plus indispensable. Que vaudrait alors l'affirmation individualiste de la liberté face à un Etat qui, profitant de l'aubaine, se ferait totalitaire ? Quelle résistance offrir à un tel Etat ? Des individualistes, Evelyne Sullerot se demande : « Sauraient-ils défendre contre un ennemi leur société sans engagement ? Sauraient-ils défendre contre l'Etat leur précieuse liberté, déshabitués qu'ils seraient de prendre en charge la responsabilité des êtres qui leur sont le plus proches ? Comment, sans appartenance et sans engagement, sauraient-ils, le cas échéant, résister à l'instauration d'un Tout-Etat, c'est-à-dire d'une société totalitaire ? » (*Pour le meilleur et sans le pire,* p. 21). Et, faisant allusion au célèbre roman *1984* de G. Orwell elle conclut : « Ils pourraient bien se retrouver avec quelque Big Brother pour époux, pour père et pour père de leurs enfants » (*ibidem*).

Par le mariage civil le couple s'engage envers la société, d'une part à prendre en charge les personnes de la famille lorsqu'elles sont dans le malheur, d'autre part à témoigner dans la singularité de la vie conjugale d'un amour capable de transformer l'ensemble des relations interhumaines. Mais si le mariage est d'emblée un acte social ne représente-t-il pas aussi de la part de la société reconnaissance et protection du couple ? En choisissant d'entrer dans le mariage le couple ne demande-t-il pas solennellement cette reconnaissance et cette protection ?

Reconnaissance et protection du couple dans le mariage

Un couple peut-il subsister de façon durable, en particulier eu égard aux conditions matérielles qui accompagnent son existence, par la simple volonté des partenaires, sans recevoir de la société reconnaissance et protection ? Sans doute dit-on souvent qu'on n'a pas besoin de la société ; mais cette affirmation va-t-elle de soi ?

Le couple non marié ou couple concubin n'a, c'est évident, pas d'existence officielle, pas de statut juridique ; n'étant pas une réalité de droit (*de jure*) il n'est qu'une réalité de fait (*de facto*). C'est précisément cette absence de lien juridique, reconnu et garanti par des tiers, qui caractérise le choix du non-mariage, le refus du mariage, de telle sorte que le lien puisse être défait sans formalité, sans procédure ; le statut de fait du couple concubin est la condition de la liberté des partenaires que la loi ne pourrait qu'enchaîner de façon intolérable.

Or toute chose qui n'a qu'une existence de fait (qu'il s'agisse du couple, mais aussi d'une association, d'un gouvernement, d'une nation) est marquée par la plus grande précarité : n'étant pas reconnu officiellement, demeurant sans statut légal, elle ne subsiste que pour autant qu'on la tolère et qu'à son égard aucune contestation ne surgit ; cette chose n'existe que pour autant qu'on veut bien l'accepter aussi longtemps que sa présence ne dérange pas. Toujours est-il qu'elle n'est officiellement ni reconnue ni protégée, c'est-à-dire qu'en cas de difficulté rien ne permet à cette chose de revendiquer pour elle reconnaissance ni protection.

C'est ainsi que le couple concubin, le couple de fait, sans existence de droit est lui-même marqué par la fragilité ; il ne subsiste que parce qu'une société, au nom du respect de la neutralité des choix éthiques, et peut-être aussi parce que dans son libéralisme elle a tout à gagner de ce flottement du statut matrimonial, veut bien le reconnaître en fait et lui accorder la même protection morale et matérielle qu'aux couples mariés. Il n'en demeure pas moins, d'une part, que les couples de fait doivent se contenter de recevoir ces aides comme des libéralités mais non pas les exiger comme des droits : n'a en effet de droit qu'un être de droit ; c'est là une vérité logico-juridique aussi indiscutable qu'une vérité mathématique ; d'autre part et réciproquement pour une telle société protéger les couples factuels n'est en aucun cas un devoir ; là aussi il faut affirmer que l'on n'a des devoirs qu'envers les êtres de droits, c'est pourquoi logiquement, lorsqu'elle n'a pas affaire à des couples mariés, la société n'a des devoirs qu'envers les personnes qui composent le couple dans la mesure où les individus sont considérés comme des êtres de droit. Bref il serait contradictoire pour le couple concubin, dont la réalité n'est que factuelle, d'exiger d'être reconnu et protégé, par exemple pour des fonctionnaires lorsqu'ils demandent d'être nommés dans la même ville. L'Etat officiellement ne connaît que Monsieur

X et Madame Y ; et si néanmoins il satisfait leur demande ce ne peut être pour lui une obligation.

Or pour devenir un être de droit, le couple doit premièrement bénéficier de la possibilité légale de le devenir dans le cadre d'une juridiction qui l'y autorise, bref d'une société qui reconnaît le mariage comme institution à part entière, deuxièmement vouloir se marier, c'est-à-dire jouir de cette institution qui lui est offerte.

Supposons acquise la première condition, c'est-à-dire, une société reconnaissant et faisant valoir l'institution du mariage (c'est là en fait ce qui caractérise encore notre société actuelle). Que se passe-t-il si le couple ne profite pas de cette disposition juridique en refusant de se marier, donc de se donner un statut juridique, en d'autres termes une existence de droit ? Dans le meilleur des cas (celui d'une société libérale comme la nôtre) le couple non marié, reconnu en fait, peut être protégé effectivement de la même manière que le couple marié ; ce dont témoigne l'évolution du droit social. Mais dans le pire des cas, si concrètement devait changer la conjoncture politique et qu'à une société libérale devait succéder un État autoritaire qui en particulier déciderait de ne plus protéger que les couples mariés, les couples non mariés, c'est-à-dire sans existence juridique, sans reconnaissance officielle de la part de la société, seraient alors sans protection, leur vie matérielle pouvant alors apparaître comme fort menacée. De quel recours pourraient-ils alors disposer ? Comment pourraient-ils revendiquer des droits tandis que le statut juridique, de par leur propre volonté, leur ferait défaut ? Ne seraient-ils pas condamnés, comme tous les êtres sans droits, à disparaître ou à se contenter de subsister soit de façon occulte, soit par le bon-vouloir du Prince, en tout cas dans la plus grande fragilité.

Mais il faut aller plus loin : qu'en serait-il maintenant du couple dans une société qui ne reconnaîtrait plus le mariage ? C'est-à-dire qui refuserait de voir dans le mariage une institution et donc la possibilité pour le couple de revendiquer, avec le statut juridique, reconnaissance et protection !

Pour commencer considérons par hypothèse les raisons au nom desquelles une société peut reconnaître, protéger et garantir l'institution du mariage. Tout d'abord elle considère que dans la relation entre l'homme et la femme quelque chose lui échappe, qu'elle ne peut contrôler et qu'elle doit protéger, disons le secret de l'intimité, le mystère de la sexualité, de l'amour : si l'institution est un cadre, elle est une limite, c'est-à-dire une frontière intérieure si l'on veut, que la société garantit et qu'elle se défend de transgresser. Par ailleurs et de façon positive elle reconnaît que la relation intime et fidèle entre l'homme et la femme est une dimension privilégiée de la relation interhumaine. Elle attend enfin de l'existence conjugale, au-delà de la fécondité biologique, le témoignage d'une plus haute fécondité, celle de l'amour, dont elle estime que les fruits peuvent l'enrichir. Tel pourrait être le sens, pour une société, d'une charte de la famille par laquelle serait officiellement et solennellement affirmée la nécessité de reconnaître et de protéger l'institution conjugale en tant qu'elle fonde la famille.

Mais que se passerait-il si une société autoritaire et même totalitaire décidait, non pas simplement de ne plus reconnaître les couples non mariés, mais plus radicalement de ne plus reconnaître l'institution du mariage et donc de ne plus protéger les couples en général ? Dans le cas où auraient dangereusement diminué, voire quasiment disparu les couples mariés, quelle résistance pourraient alors opposer les couples à une telle situation ? Serait-il encore temps de défendre le mariage ? Ne verrait-on pas alors cette société totalitaire, dispensée d'agir par la force, se contenter de prendre acte de la désaffection face au mariage, et de supprimer en douceur une juridiction tombée en désuétude ? Qui refuse de profiter d'un droit peut-il se plaindre lorsque ce droit finit par être supprimé ? N'est-il pas alors trop tard pour le revendiquer ? Comment ne pas voir que d'une telle situation, tous ceux qui refusaient d'entrer dans l'institution du mariage tandis que c'était encore possible, en seraient d'une certaine manière objectivement responsables ?

Un tel scénario, pour le moins catastrophiste, peut choquer. Il serait évidemment cynique, pour les défenseurs du mariage, d'en agiter trop vivement le spectre. Il n'en reste pas moins que dans une telle description on ne fait que tirer logiquement les conséquences possibles des choix contemporains, de la même manière aussi dont procèdent les géologues lorsqu'ils mettent en garde contre l'imprudence des hommes quand ils installent leurs maisons en des lieux dangereux, tout en souhaitant évidemment qu'il ne se passe rien.

Le mariage, le droit et les personnes de la famille

Le mariage garantit reconnaissance et protection pour le couple ; sans l'institution le couple n'a qu'une existence factuelle, la société n'ayant alors à reconnaître et à protéger que des individus. Mais les membres d'une famille (conjoints et enfants) sont-ils des individus ordinaires ? Placés dans le couple, dans la famille, ne sont-ils pas exposés à des violences particulières que le droit précisément en offrant son arbitrage aurait pour but de conjurer, ou plus modestement de contenir ?

Si la vie sociale est marquée par le règne de la force, le droit, dans le cadre des progrès-mêmes de la civilisation et de la société civile, est là pour offrir son arbitrage. Dans la famille et d'abord le couple, il semblerait que les relations ordonnées autour du sens du service, du don, de l'aide, bref de l'amour, puissent se passer de la médiation de la règle juridique ; c'est ainsi, dit-on, que dans le couple, dans la famille, dès lors que l'on s'entend bien on peut toujours s'arranger de telle sorte qu'on puisse – selon l'expression populaire – « laver son linge sale en famille » en cas de difficulté. Le droit serait donc reconnu comme habilité à régler les relations extra-familiales, donc publiques ; dans la vie privée au contraire, dans la famille il serait comme exclu, devant faire place à l'amour. Mais le couple, et au-delà la famille, peuvent-ils, alors même que l'amour en est le fondement, échapper à la règle de droit ? N'y aurait-il pas danger, au nom de l'amour, de prétendre dans le couple et dans la famille, se passer de l'arbitrage offert par la loi ? L'absence de règle de droit ne signifie-t-elle pas que chacun ne dépend que du bon vouloir de l'autre et de telle sorte que le plus faible puisse être à la merci du plus fort ? Le mariage à cet égard n'est-il pas le signe d'une humble reconnaissance, d'une libre acceptation, d'un ferme renoncement : renoncement à la toute puissance envers celui qu'on dit aimer ; acceptation de l'arbitrage de la société ; reconnaissance des droits de l'autre, fût-il son conjoint ou son enfant ? Mais qui est le plus faible dans la famille ? N'est-ce pas tour-à-tour et selon les cas les enfants, mais aussi la femme et enfin l'homme ?

Les parents, selon le principe bien connu et régulièrement remis à l'honneur par tous ceux qui,se méfiant de la société, exaltent les prérogatives des familles, sont les premiers responsables de l'éducation de leurs enfants. Tout va bien justement si l'on n'a pas affaire à des parents irresponsables qui se considèreraient – tout en aimant leurs enfants – comme des maîtres face à des esclaves, ou moins dramatiquement mais tout aussi gravement, comme des propriétaires face à des objets. De façon générale les enfants ne risquent-ils pas dans les familles et du fait de leurs parents d'être victimes des pires violences, qu'elles soient directes ou indirectes ? N'est-ce pas d'ailleurs contre le pouvoir des familles que des instances sociales, civiles ou religieuses ont dû par le passé lutter contre le travail des enfants, contre des conditions de vie matérielles et morales déplorables, contre l'infanticide même ? Qu'ils le veuillent ou non – mais le mieux serait qu'ils le veuillent et l'acceptent librement – l'institution familiale fondée par le mariage civil ne serait-elle pas le signe que les parents ne disposent pas envers leurs enfants d'une puissance arbitraire et que précisément l'arbitrage de la société est nécessaire pour le bien de leurs enfants, de telle sorte qu'éventuellement et contre les parents eux-mêmes, les enfants puissent être protégés ? Cette idée ne va pas de soi dans la mesure où elle met en cause ce que – selon certaines idéologies – on considère comme la sacro-sainte toute puissance des parents ainsi que de la famille face à une société globalement dévoyée ! Remarquable à cet égard fut la très forte résistance de la droite contre la loi de 1889 sur la déchéance paternelle. Il n'en reste pas moins que la loi définit les devoirs des parents en tant que parents envers leurs enfants (et non pas seulement envers des personnes ordinaires ni même envers des enfants ordinaires). Le mariage civil, librement choisi, ne serait-il pas alors l'acceptation pour les époux de se placer sous l'arbitrage de la loi qui leur dise solennellement – selon le mot bien connu du poète Khalin Gibran : vos enfants ne sont pas vos enfants ? Ne serait-il pas alors symbolique du renoncement à la toute puissance des futurs parents sur les enfants qui naîtront dans leur foyer ? Ne faudra-t-il pas aller jusqu'à dire que paradoxalement, tout en fondant la famille, le mariage en limite le pouvoir mais de telle sorte que cette limitation est librement acceptée par les parents en vue de la reconnaissance et de la promotion de leurs enfants comme personnes, c'est-à-dire êtres de droit et de dignité ?

Cet arbitrage de la loi sous lequel se placent librement les futurs parents, il peut être nécessaire à la qualité de la relation entre les conjoints en particulier pour la protection de la femme. L'homme et la femme sont, dit-on, libres et égaux mais il n'y aurait là qu'un formalisme illusoire et dangereux si l'on oubliait que liberté et égalité sont, non pas des faits, mais des droits qui sont toujours à conquérir, à reconquérir, à raffermir. Egale de l'homme, la femme l'est en tant que personne mais pas forcément dans son être biologique : soumise dans sa sexualité à une temporalité différente, ne pouvant à tout âge avoir des enfants, refaire sa vie une fois passées la jeunesse et la beauté, la femme peut être, de la part de l'homme, victime d'une violence directe ou indirecte : humiliée, trompée, battue, délaissée, abandonnée. La loi à cet égard précise droits et devoirs entre les conjoints : le mari a le devoir de respecter, de protéger son épouse ; sans doute, comme le remarque avec humour Emma Gounot, une femme humiliée ne peut-elle obtenir de ne plus l'être ; du moins peut-elle se plaindre auprès du juge : son arbitrage et au-delà la médiation de la loi sont alors irremplaçables comme recours toujours possibles entre des personnes dont la relation serait de plus en plus marquée par la violence ; à cet égard le divorce pour faute – qui fait aujourd'hui sourire – peut bien apparaître comme un de ces recours privilégiés, dans la mesure où le tranchant de la loi détermine de l'extérieur les responsabilités de chacun ; le divorce qui n'annule pas mais défait le mariage est bien alors expression caractéristique du droit dont la mission est, conformément au vieux principe, « d'accorder à chacun le sien » (Suum cuique tribuere).

Il faut ici lever une ambiguïté : on dit souvent que le mariage entérine et consacre la violence exercée par l'homme sur la femme, que le mariage institutionnalise la servitude de la femme. Cette affirmation anarcho-libertaire et reprise aujourd'hui par l'aile extrêmiste du courant féministe ne vas pas de soi : elle suppose en effet qu'en dehors de l'institution, en dehors de la société, donc dans la nature, la femme jamais ne serait soumise à l'homme. Une telle hypothèse est éminemment fragile ; ne pourrait-on pas dire au contraire que c'est dans la nature, donc hors du cadre institutionnel que la femme est la plus soumise ? Sans doute observe-t-on encore de nombreuses sociétés dans lesquelles les lois matrimoniales reconnaissent la supériorité de l'homme sur la femme ; sans doute, en France notamment, l'égalité entre l'homme et la femme n'a-t-elle été établie que très récemment. Mais cette égalité est-elle restauration ? N'est-elle pas plutôt conquête décisive obtenue précisément par les progrès du droit à la suite d'une longue mais réelle avancée marquée par la succession des différents droits civils et religieux ? Ne dit-on pas, à propos du droit islamique lui-même, qu'il représente par rapport aux coutumes matrimoniales antérieures un progrès modeste mais réel ? Bref la philosophie de l'histoire des féministes, selon laquelle l'histoire ne serait que dégradation d'une nature marquée par la perfection, mérite pour le moins d'être discutée.

Dans la famille chacun est faible tour à tour et d'un point de vue particulier ; si la femme peut être victime de l'homme de telle sorte que, sans le droit, elle est toujours menacée, l'homme lui-même sur le plan de la paternité est d'une insigne faiblesse, de telle sorte que sans la médiation de la loi sa relation à l'enfant demeure incertaine.

La fragilité du lien entre le père et l'enfant est évidente : pour les auteurs de vaudeville en mal de sujets elle est une mine inépuisable. La communauté établit avec certitude le lien entre l'enfant et la femme : on a vu sortir cet enfant du ventre de cette femme. Mais que peut-on dire du lien entre le père et l'enfant sinon qu'il passe par la mère ; mais là que peut-on savoir exactement ? De cet état de fait le droit romain rend compte par cette belle formule : « Pater semper incertus, sed mater certissima » (le père est toujours incertain mais la mère est très certaine). C'est pourquoi le droit romain avait tranché la difficulté en désignant le père par rapport au mariage : « Pater is est quem nuptiae démonstrant » (le père est celui que montre le mariage). Cette belle formule, qui reste le fondement de ce que dit notre code civil sur la paternité (art. 312 al. 1er) indique qu'un enfant né d'une femme mariée est reconnu comme l'enfant du mari de cette femme, en d'autres termes qu'un homme est considéré automatiquement comme le père de l'enfant auquel a donné naissance la femme avec laquelle il est marié. De fait, à la naissance de son enfant, le père marié n'a pas de démarche à faire pour le reconnaître et dans certaines cliniques on le dispense même d'aller le déclarer à la mairie !

Ce qui fonde radicalement la paternité, et cela bien plus fondamentalement que les moyens modernes offerts par la génétique pour la recherche de paternité, c'est la parole échangée entre l'homme et la femme non pas seulement au moment de la naissance de l'enfant mais avant toute naissance ; cette parole c'est l'engagement, c'est le mariage : c'est d'un même souffle que la femme peut dire à l'homme qu'elle aime : je ne connaîtrai pas d'autre homme que toi ; les enfants qui sortiront de mon ventre seront tes enfants. Mais on resterait ainsi dans la dimension purement privée de l'engagement, c'est-à-dire en dehors du mariage civil si de cette parole échangée la communauté n'en était témoin : dans le mariage civil en effet, la parole, la promesse échangée entre l'homme et la femme, la société l'enregistre, l'authentifie de telle sorte qu'en cas de crise cette parole ne puisse pas facilement être dénoncée, en particulier par la femme ; l'homme dans ce cas peut compter sur la société pour être défendu, éventuellement contre sa femme, dans sa paternité. A cet égard le divorce qui, comme on l'a dit, défait mais n'annule pas le mariage, n'annule pas cet effet du mariage qu'est l'établissement du lien entre l'homme et l'enfant né de la femme avec laquelle il a été marié.

En ce qui concerne l'homme non marié son lien à l'enfant est fragile ; en effet il doit reconnaître son enfant pour être reconnu comme père c'est-à-dire comme exerçant l'autorité parentale : cf Art. 374 du Code Civil : « Sur l'enfant naturel, l'autorité parentale est exercée par celui des père et mère qui l'a volontairement reconnu, s'il n'a été reconnu que par l'un d'eux » : sans démarche spéciale pour reconnaître l'enfant le père biologique n'est pas un père selon le droit et dans ce cas évidemment, dans la mesure où la mère spontanément le reconnaît, le lien avec son enfant est fragile. Par ailleurs si le père non marié veut que son enfant porte son nom il faut, ou bien que la filiation de l'enfant soit établie simultanément à l'égard de l'un et l'autre parent, autrement dit que les conjoints d'un commun accord reconnaîssent l'enfant comme leur enfant, ou bien (lorsque vraisemblablement il y a déjà désaccord entre les deux partenaires) qu'il soit le premier à le reconnaître (en quoi il a bien des chances d'être doublé par la femme qui est bien placée pour reconnaître la première l'enfant puisque cette reconnaissance peut être effectuée dès lors qu'elle sait qu'elle est enceinte !) (Sur ce point cf. Art. 334-1 du Code Civil). Enfin, même si les deux partenaires ont reconnu l'enfant, et en particulier en cas de séparation, aucun droit n'est reconnu au père et l'autorité parentale est exercée en entier par la mère, sauf si le tribunal, à la demande d'un des deux parents, répartit les droits entre les deux anciens conjoints ou le confère au père exclusivement (cf. art. 374-1 du Code Civil).

La paternité on le voit est éminemment fragile, en particulier hors du mariage de telle sorte qu'on peut s'étonner de ce que, tandis que le mariage est l'objet d'une désaffection, les mouvements de pères demandent au Législateur des mesures d'étayage bien compliquées par rapport à la simplicité du dispositif matrimonial ; contrevenant ainsi à la règle des mathématiciens, qui peut être aussi des juristes, selon laquelle il faut toujours chercher la méthode la plus rapide, la plus élégante c'est-à-dire qui procède par économie de moyens. Quoi qu'il en soit, en réclamant ces mesures, les pères commencent à prendre conscience de la fragilité de la paternité, paternité qui manifestement ne se réduit en aucun cas à un fait biologique et qui est peut-être une des plus haute conquête de la civilisation lorsque l'autorité sur l'enfant est reconnue non plus à l'oncle maternel mais au mari de la mère ; il y a là comme une mutation culturelle en deçà de laquelle on pourrait bien régresser si l'on n'y prenait garde.

Dans la famille chacun tour à tour est faible selon les circonstances et son statut. L'amour peut bien assurer l'harmonie, apporter la paix. Mais l'amour lui-même peut se faire violent ; peut-on alors se passer de la médiation du droit ? Pour les enfants dans leur faiblesse, la femme dans sa fragilité, l'homme dans la précarité de sa paternité, l'institution matrimoniale, librement choisie par ceux qui la fondent, n'est-elle pas le meilleur rempart contre la violence à laquelle souvent entraîne la vie familiale ? Dans la famille comme dans la société ne voit-on pas vérifier cet adage célèbre : « Entre le fort et le faible c'est la liberté qui asservit et la loi qui libère ».

*
* *

Le mariage ou plus précisément le mariage civil, c'est-à-dire le mariage dans sa dimension sociale est en crise : la vie du couple, dit-on, ne regarde pas la société ; c'est là une affaire purement privée. En même temps cependant les couples non mariés attendent, voire réclament reconnaissance et protection. Est-ce à dire que le mariage réapparaît, comme sous une forme coutumière ? Dans ce cas on aurait tort de s'inquiéter de ce qui ne serait qu'une modification superficielle. Il n'en reste pas moins qu'il n'y a de reconnaissance que dans le cadre du droit et que seul un être de droit peut être reconnu et protégé. Au-delà de cette demande à être reconnu le mariage est engagement envers la société et sur ce point on peut craindre que de cette exigence on ne se soucie guère. C'est pourquoi ce qui est à redouter c'est bien cette désaffection pour la vie publique que l'on sacrifie au nom de la quête d'un intérêt privé, domestique, familial. Mais au-delà la désaffection à l'égard de l'institution du mariage peut bien apparaître comme symptomatique d'une méfiance face au droit dont on prétend se passer sous prétexte qu'il est inutile ou bien contraint de façon intolérable. Or se passer de la médiation du droit c'est prétendre être déjà parvenu dans une société dans laquelle tous les problèmes pourraient, sans arbitrage, se régler à l'amiable ; une telle société nous pouvons bien l'espérer mais son avènement ne peut suivre qu'une longue évolution et dont le terme marquerait la fin de l'histoire. Autrement, en croyant pouvoir nous passer du droit, non seulement nous anticipons ce terme et vivons dans l'illusion d'un règne de l'amour, mais plus gravement nous retombons en-deçà du droit, dans la nature, la sauvagerie, la barbarie. Méditons à cet égard et pour terminer cette lucide mise en garde de Berdiaeff : « La loi, tout en ignorant la personne vivante, concrète, individuellement unique, tout en ne pénétrant pas sa vie intime, la protège toutefois des attentats et des violences des autres individus [...]. En cela réside sa vérité éternelle, celle du droit [...]. D'où la valeur civilisatrice du droit [...]. Entre la force et l'amour, il est le médiateur nécessaire. La nécessité de la loi, c'est la nécessité même de l'ordre, en tant que condition de toute vie et de toute création humaine [...]. Ceux qui le nient prônent en théorie une communauté d'amour et retombent en fait aux luttes de la jungle ».

Paul MOREAU

LE MARIAGE : CONTRAT OU INSTITUTION ?

Lorsque la littérature française évoque le mariage, elle se réfère tantôt au contrat, tantôt à l'Institution : si Rousseau tient le mariage pour « le plus inviolable et le plus sacré des contrats », Moheau, sans enthousiasme, « considère comme le premier devoir du citoyen de subir le joug de cette institution ».

Quant à Byron comme Max Frisch, ils font descendre Don Juan aux enfers du mariage parce que « bien que les femmes soient des anges, le mariage, c'est le diable ».

Les juristes ont repris ce même débat : certains ont parlé du mariage institution ; cette idée, lancée en 1902 par l'historien Charles Lefebvre, a permis de fonder juridiquement l'indissolubilité du mariage civil.

Contrairement au contrat qui doit pouvoir se dissoudre par le consentement mutuel des parties ou même par la volonté unilatérale de l'une d'entre elles, l'Institution est indissoluble.

Pour les défenseurs de l'Institution, réduire le mariage à un contrat, c'est ne voir que le moment de sa formation sans y inclure sa finalité parentale.

Argument auquel les défenseurs du contrat se pressent de répondre que l'on peut envisager l'alliance sans la parenté et que le Droit conjugal n'est que la rencontre volontaire de deux êtres qui veulent jouir chacun de l'usage réciproque de leurs facultés spirituelles et corporelles et qui éventuellement ne souhaitent que cela.

C'est ce que certains nomment très lucidement, l'exercice « d'un droit personnel qui se présente sous un mode réel ».

Quant au fruit de l'échange, l'enfant, il peut arriver mais il n'est pas l'objet du raisonnement et peut être parfaitement ignoré.

Ces deux modalités de concevoir et de représenter le mariage coexistent encore dans notre Droit positif, même si la tendance contractuelle semble l'emporter aujourd'hui très nettement. Nous allons tenter de le démontrer en présentant d'abord les éléments qui font du mariage un contrat original certes, mais un contrat tout de même, puis ceux qui le rattachent à l'Institution.

I — LE MARIAGE-CONTRAT

Le mariage s'apparente à un contrat par sa formation, par la réciprocité de ses obligations, par sa dissolution.

1 – Par sa formation :

Avant même le jour où les partenaires échangent solennellement le oui fatidique, une promesse de mariage est parfois officialisée par des fiançailles.

Les juristes ont longuement discuté de la valeur juridique de cette promesse ; les premiers commentateurs du code civil, en 1804, y voyaient un engagement contractuel : les fiançailles, disaient-ils, créent un empêchement au mariage de chaque fiancé avec un tiers et leur rupture donne lieu, comme pour un contrat, à des dommages-intérêts.

La thèse du contrat a été défendue également par des juristes contemporains qui proposèrent de la modifier un peu, précisément pour assurer la liberté complète du consentement matrimonial, en soutenant que le contrat de fiançailles comporte un droit de résiliation unilatérale et que chacun des fiancés conserve donc la faculté de reprendre sa parole, sous cette réserve importante qu'il engage sa responsabilité s'il n'a pas de justes motifs de rupture ; mais cette responsabilité est contractuelle ; elle résulte de la rupture abusive du contrat.

Pourtant, la jurisprudence n'a pas adopté cette thèse : selon elle, la promesse du mariage est juridiquement sans valeur ; les tribunaux considèrent que la liberté du mariage serait atteinte si les futurs époux se présentaient devant l'officier public alors qu'ils sont déjà, d'une certaine manière, liés l'un à l'autre ; mais lorsque la rupture est « abusive », elle engage la responsabilité de son auteur non comme violation d'un engagement contractuel mais comme faute quasi-délectuelle.

Cette faute, ce peut être simplement l'absence de motif légitime dans la rupture : ainsi, le Tribunal d'Aix en Provence a jugé « capricieuse, intempestive et donc fautive la rupture de fiançailles, quatre jours avant la célébration du mariage, alors que les bans étaient publiés et que les faire-part étaient envoyés ; le fiancé ne pouvant invoquer comme motif de rupture sa propre inconstance en faisant valoir qu'il n'était pas mûr pour le mariage, alors que, étant âgé de 24 ans à l'époque de la rupture, il était parfaitement conscient des engagements qu'il prenait ».

Les jugements parviennent au même résultat que dans l'hypothèse du contrat, c'est-à-dire à des dommages-intérêts à la charge de celui qui rompt la promesse. Mais les juges rejettent l'idée du contrat dans le but de maintenir intacte la liberté de passer cet autre contrat qu'est le mariage.

A travers les conditions de fond exigées pour la formation du mariage, nous retrouvons très exactement les conditions exigées pour la formation de tous les contrats.

• La première condition, c'est la volonté, le consentement des futurs époux ; le code civil a insisté énergiquement sur cet élément dans l'article 146 : « Seul le consentement fait le mariage, non l'œuvre de chair ni la fondation effective du foyer ». C'est pourquoi le mariage in extremis est valable, lorsque l'un des futurs époux est sur le point de mourir, et c'est pourquoi la loi du 31 décembre 1959 a pu organiser le mariage posthume : avec l'autorisation du Chef de l'Etat et en vue d'atteindre certains effets limités du mariage, (notamment la légitimation d'un enfant), la volonté d'un vivant s'unit alors à celle d'un mort.

Plus généralement, on attribue à cet article 146 une double signification : il exige la volonté des futurs époux et il écarte, en principe, la volonté des familles.

La volonté des futurs époux se matérialise par l'échange des « oui », mais cet échange n'est pas suffisant ; il faut encore, derrière les mots, constater l'existence et l'intégrité de la volonté.

L'existence de la volonté suppose la conscience ; sans volonté consciente pas de mariage, cependant le trouble mental doit exister au moment même de la cérémonie. Le principe est en effet que la démence habituelle n'empêche pas la validité des actes accomplis dans un intervalle de lucidité.

Le consentement doit encore être libre : la volonté peut être viciée par le dol c'est-à-dire le mensonge ; elle peut l'être aussi par l'erreur ou par la violence.

Les Tribunaux ont longtemps hésité à réprimer les artifices utilisés par un époux pour obtenir le consentement de l'autre à la vie conjugale et bien peu de mariages seraient à l'abri de l'annulation si l'un des époux pouvait utilement prétendre avoir été trompé par de petites manœuvres dans la période des fiançailles.

Pourtant les tribunaux reconnaissent l'obligation de sincérité entre époux et au nom de cette obligation ils prennent en considération les dissimulations graves qu'ils sanctionnent parfois par l'annulation du mariage.

Ce fût le cas, par exemple, lorsque la femme avait dissimulé à son mari qu'elle était enceinte des œuvres d'un tiers avant son mariage ou encore lorsque les crises de démence du futur époux avaient été cachées à sa fiancée.

Les dissimulations abusives peuvent également être considérées comme des injures graves justifiant le prononcé du divorce : ainsi, lorsque le mari découvre après le mariage que toutes les lettres que lui avait écrit sa femme pendant la période des fiançailles, l'avaient été, en réalité, par sa belle-mère.

La jurisprudence retient encore un second vice du consentement : l'erreur sur une qualité essentielle du partenaire.

Au début du siècle comme au siècle dernier, les tribunaux ne prenaient en compte que l'erreur sur l'identité physique du partenaire (cas de jumeaux, échange de partenaire sous le voile...) puis la jurisprudence évolua et retint également l'erreur sur l'identité civile : on admit par exemple l'annulation du mariage d'un aventurier qui s'était approprié de faux papiers et présenté sous un faux nom, ou encore l'annulation du mariage d'une femme ayant épousé un divorcé croyant qu'il s'agissait d'un célibataire.

Enfin la jurisprudence décida de retenir l'erreur sur les qualités substantielles du partenaire. Elle fut suivie par le législateur en 1975 ; l'art. 180 al. 2 c. civil fut modifié ; il prévoit désormais que « s'il y a erreur dans la personne ou sur des qualités essentielles de la personne l'autre époux peut demander la nullité du mariage ». Qu'entend-on par « qualité essentielle » ? Les juges ont considéré comme telle « l'intégrité mentale suffisante pour permettre le développement normal d'une vie conjugale » ; cette appréciation reste subjective.

Cependant, c'est à celui qui invoque l'erreur qu'incombe la charge de prouver que la qualité qui fait défaut à son partenaire l'a déterminé à donner son consentement au mariage : un mari fut ainsi débouté de son action en nullité parce qu'il n'expliquait pas pourquoi il n'aurait pas contracté mariage s'il avait connu le véritable nom de son épouse ; en effet, l'origine arménienne de celle-ci lui était connue depuis vingt-cinq ans et il l'avait visiblement épousée pour toute autre raison que son nom et son appartenance familiale.

Enfin l'un des partenaires pourrait aussi invoquer la violence, troisième vice du consentement. La violence physique est assez rare : il faudrait imaginer un acte de main-guidée ; en revanche, on retient la violence morale : le fiancé qui n'avait pu reculer ni dire non devant l'invitation à son mariage de sept cents personnes dont de hautes personnalités, obtint l'annulation de son mariage.

Les violences morales, ce sont, d'une manière générale, toutes les pressions, plus ou moins sournoises qui consistent à mettre l'individu en face du choix suivant : céder ou pâtir. S'il cède à la pression, il accepte de se marier ou de ne pas se marier. Mais, s'il préfère conserver entière sa liberté, il en pâtira car ce sera au prix d'un sacrifice patrimonial ou professionnel.

Lorsqu'une donation ou un testament est assorti d'une clause de célibat à l'égard du bénéficiaire de la donation ou du testament, rien n'oblige le gratifié à accepter le don qui lui est fait ; s'il préfère se laisser tenter par l'aventure du mariage, il peut renoncer à l'avantage procuré par la donation.

Il existe cependant une pression car, selon le mot de La Rochefoucauld, « les vertus se perdent dans l'intérêt comme les fleuves dans la mer » l'homme peut céder à l'appât d'une félicité conjugale. Les tribunaux considèrent que de telles clauses sont nulles seulement si les mobiles de celui qui donne sont immoraux, illicites ou répréhensibles ; par exemple, lorsque celui qui donne est motivé par la malveillance ou la jalousie : c'est le cas lorsqu'un mari fait son testament en faveur de son épouse à condition que celle-ci ne se remarie pas ni ne vive en concubinage après sa mort.

La clause de célibat apparaît encore illicite lorsqu'elle est dictée par la haine raciale : par exemple, lorsqu'un homme lègue ses biens à sa petite fille à condition qu'elle n'épouse pas un juif.

Il arrive aussi que le sacrifice exigé soit d'ordre professionnel. En principe, les clauses de célibat (interdiction du mariage sous peine de perdre son emploi), insérées dans le contrat de travail sont nulles.

La jurisprudence a réagi, en particulier à propos du règlement du personnel naviguant de la Compagnie Air-France. Ce réglement précisait que les candidates aux fonctions d'hôtesse de l'air, devaient être célibataires, veuves ou divorcées, la survenance du mariage en cours de contrat entraînant automatiquement la rupture de ce contrat.

La chambre sociale de la cour de cassation, le 18 juin 1982, a déclaré illicite ce réglement. Cependant, il existe encore quelques exceptions, justifiées par des « raisons impérieuses » : c'est à propos des enseignants des établissements religieux que le problème s'est posé avec le plus d'éclat : dans l'affaire ROY contre l'Institution Ste Marthe, Mme Roy, institutrice, divorçée avait décidé de se remarier. L'établissement la licencia du fait de ce remariage.

La Cour de Cassation, en assemblée plénière, tout en réaffirmant le principe de la liberté du mariage, considéra qu'en l'espèce, les convictions religieuses de Mme Roy avaient été prises en considération lors de la conclusion du contrat de travail.

Dès lors, les circonstances très exceptionnelles autorisant l'atteinte à la liberté du mariage étaient réunies. « L'obligation de réserve, dit la Cour, ne porte pas sur l'opinion elle-même, mais essentiellement sur la façon de l'exprimer et sur les comportements extérieurs qui en découlent ».

Dans d'autres circonstances, c'est la personnalité même du conjoint choisi par le salarié qui peut être une gêne pour l'employeur, surtout lorsque l'employée épouse le concurrent principal de son employeur.

En dehors de ces quelques exceptions, le mariage suppose une volonté consciente et entièrement libre car chacun doit être seul juge et responsable de son propre bonheur.

• La seconde condition exigée pour la validité du contrat de mariage est la CAPACITE juridique des futurs conjoints : le mineur ne peut se marier qu'avec le consentement de ses parents ou des personnes représentant l'autorité familiale.

Ce consentement doit être donné de vive voix lors de la cérémonie ou bien, à l'avance, par acte authentique.

Dans le passé, la majorité matrimoniale était beaucoup plus élevée.

Un édit de 1556 et une ordonnance de 1639 décidèrent que les filles jusqu'à 25 ans et les garçons jusqu'à 30 ans ne pourraient contracter mariage sans le consentement de leurs parents. Passé cet âge, il fallait encore solliciter l'avis des parents par des sommations respectueuses ; les sanctions du défaut de consentement des parents étaient l'ordre successoral ; de plus, le mariage était qualifié de clandestin et le mari était passible des peines de rapt si l'épouse était mineure, peine pouvant aller jusqu'à la mort, à moins que le coupable ne choisisse les ordres.

L'idée était alors que le mariage était un contrat entre deux familles et que les futurs époux concernés ne pouvaient passer outre l'autorité paternelle.

Le code civil, en 1804, abaissa cette majorité à 21 ans pour les filles et 25 ans pour les garçons : mais on considérait encore que l'importance économique de ce contrat, traité d'alliance entre les fortunes, instrument de conservation et de développement des patrimoines, était une chose trop grave pour être abandonnée aux emballements sentimentaux. Il devait être négocié sous l'autorité des chefs de famille.

Depuis le code civil, les textes n'ont cessé de réduire ces exigences. En 1974, la majorité matrimoniale comme la majorité civile a été fixée à 18 ans.

Mais la volonté de la famille intervient encore lorsque le mariage concerne un majeur en tutelle ou en curatelle ; en cas de tutelle, on exige le consentement du père et de la mère ou bien celui d'un conseil de famille spécialement réuni ; en cas de curatelle, on demande le consentement du curateur et si ce dernier refuse, il est possible de s'adresser au juge des tutelles.

La cause est le 3e élément exigé pour la formation d'un contrat : pour être conclu valablement, le contrat doit avoir une cause licite ou morale. La cause du contrat, c'est son motif déterminant. Cette cause que le Droit Canon avait, en somme, cherchée dans la Copula Carnalis mais en la limitant à la formation du lien, le progrès du Droit l'a étendue à toute la durée du mariage et l'a placée dans la convergence sentimentale, dans la concorde des âmes et des esprits.

Si cette convergence, cette concorde viennent à s'éteindre, le lien tombe très juridiquement « faute d'une cause pour le soutenir ».

• A ces conditions de fond communes à tous les contrats, s'ajoute une condition supplémentaire pour ce contrat particulier qui a pour objet l'Union des Esprits et des corps : l'élément biologique ou capacité biologique.

C'est un élément qui joue un rôle très important en Droit Canonique ; on a pu écrire que ce Droit faisait rougir le code civil : chacun des partenaires doit être apte à remplir cette obligation que l'on nomme encore le devoir conjugal.

Le droit civil a dû prendre également en considération le corps des futurs époux dans la formation du mariage. Il est donc sous-entendu, dans l'article 144 du code civil que les deux époux doivent être de sexe différent, faute de quoi il y aurait inexistence du mariage. Tout récemment le Tribunal de Grande Instance puis la Cour de Paris ont été saisis de la question du mariage des transexuels :

Pour le Tribunal, le fait que le futur époux (transsexué) possède un acte de naissance mentionnant un sexe masculin, suffisait à la validité du mariage ; pour la Cour, il était préférable avant de se prononcer sur la possibilité du mariage d'attendre que le tribunal ait admis la rectification de l'acte d'état civil et que, saisi à nouveau, il ait statué définitivement. Selon la Cour, l'annulation éventuelle du mariage est de nature à provoquer un trouble plus grand que l'ajournement de cette union.

Le Droit requiert encore de chaque partenaire, un âge minimum, la puberté, qui fait présumer la capacité physiologique au mariage : 18 ans pour l'homme, 15 ans pour la femme. Le mariage est cependant possible au-dessous de cet âge, avec dispense, le motif le plus fréquent étant la grossesse de la femme, démonstration directe de son aptitude physiologique.

Enfin, la loi exige un examen médical destiné à informer chacun des futurs époux sur les maladies contagieuses ou héréditaires dont il pourrait être atteint ; mais l'examen séparé, comme le secret absolu du résultat renvoie chacun à sa conscience.

En réalité, ce certificat prénuptial a été préconisé par des théories eugénistes qui voulaient assurer la conservation et l'amélioration des qualités de la race, en interdisant le mariage aux individus qui ne pourraient mettre au monde que des enfants tarés. Ce souci n'est pas seulement celui des systèmes racistes et nationalistes ; il est aussi dominant chez tous ceux qui sont prêts à sacrifier les intérêts de certaines personnes à ceux, jugés plus importants, du corps social lui-même.

Certains juristes ont heureusement objecté que le problème du mariage ne peut être réduit à son aspect social : la thèse du contrat vient donc ici protéger le couple contre la violation de son intimité par la société. Cette protection est d'autant plus nécessaire que les progrès scientifiques actuels ont déjà conduit le Comité National d'Ethique Français à estimer que le diagnostic génétique devait être pratiqué de manière obligatoire pour les malades qui présentent un risque par leur gravité ou l'ampleur de leur diffusion.

Il a même ajouté qu'il était essentiel que ces défauts soient répertoriés afin de pouvoir faire les recoupements nécessaires dans les familles.

Dans ces conditions, on peut se demander si les futurs époux conserveront l'entière liberté de tirer du diagnostic les conséquences qu'ils estiment opportunes.

Seule la doctrine du contrat peut préserver cette liberté et repousser la thèse eugéniste et sa dernière conséquence, la stérilisation des individus qui ne répondent plus en apparence aux critères de normalité.

2 – Une fois conclu, le mariage s'apparente encore au contrat dans **la réciprocité de ses obligations** ou devoirs. Il y a d'abord le devoir de communauté de vie, sous deux aspects : l'exécution du devoir conjugal et la vie sous le même toit.

Le refus injustifié, volontaire et persistant d'accomplir ce devoir conjugal est considéré comme une injure grave justifiant le prononcé du divorce.

Cette sanction paraît bien être le remède le plus adéquat bien que l'on ait tenté, parfois, d'astreindre le conjoint réticent à l'exécution de ce devoir ; la jurisprudence de la fin du siècle dernier avait admis le recours à la force publique pour contraindre une femme à rejoindre le domicile conjugal.

On admettait aussi des moyens de contrainte indirectes, telle que l'astreinte, c'est-à-dire la condamnation à une somme d'argent par jour de retard dans l'exécution du devoir.

Mais la jurisprudence actuelle rejette ces procédés contraires à la liberté individuelle :

« Devant le refus de l'un des époux, une procédure de coercition, soit par des dommages-intérêts, soit par astreinte, ne peut déboucher sur une réconciliation véritable et ne peut être inspirée que par une volonté malicieuse ou vindicative, si ce n'est par esprit de profit », constatait il y a quelque temps, la Cour d'Aix en Provence.

Il semble donc préférable d'adopter, en attendant le divorce, cette autre proposition de la Cour de Paris, suggérant aux époux de résider chacun dans une aile de leur vaste propriété, une coexistence calme pouvant ainsi s'instaurer dans l'intérêt des enfants.

Si le devoir conjugal peut donc être exigé comme obligation du contrat de mariage, il ne saurait y avoir abus de cette obligation et il est de jurisprudence constante que constitue une cause de divorce le fait pour l'un des époux d'imposer à l'autre des pratiques sexuelles abusives.

Le Tribunal de grande instance de Dieppe a ainsi considéré qu'un mari se rend coupable de sévices et injures graves dès lors que, malgré ses 70 ans, il est venu à bout de la santé de son épouse, au point qu'un médecin a dû prescrire une vie calme et l'absence de relations conjugales pendant un mois.

La réciprocité se rencontre également à travers les obligations de secours et d'assistance ou celle de fidélité.

Avant la loi du 11 juillet 1975, réformant le divorce, il existait une injustice à l'égard de la femme dont l'adultère était sanctionné pénalement beaucoup plus sévérement que celui du mari. L'épouse encourrait une peine de prison alors que le mari n'était passible que d'une peine d'amende. Pour rétablir l'égalité et rendre plus parfaite la réciprocité du devoir de fidélité, le législateur, en 1975, a supprimé le délit pénal d'adultère, celui-ci restant une faute civile justifiant le divorce.

3 – La marque du contrat apparaît enfin dans **la dissolution** du mariage.

La théorie générale des contrats prévoit l'annulation du contrat lorsque l'une des conditions de formation n'est pas respectée ; il en va de même pour le mariage : l'un des partenaires peut obtenir l'annulation du mariage s'il démontre par exemple, que son consentement lui a été extorqué par la violence ou encore s'il démontre qu'il s'est trompé sur une qualité essentielle du partenaire.

Un contrat, bien que valablement formé, peut disparaître ensuite dès lors que les deux parties sont d'accord pour y mettre fin, ou encore lorsque l'une des deux parties refuse d'exécuter ses obligations, ou plus simplement par volonté unilatérale de l'un des contractants si le contrat est à durée indéterminée.

Aujourd'hui, et depuis 12 ans déjà (loi du 11 juillet 1975), le mariage peut aussi disparaître par consentement mutuel, c'est-à-dire par accord des deux partenaires.

La dissolution du mariage peut apparaître également comme la sanction du non respect de ses obligations par l'un des conjoints : c'est le divorce pour faute ; en ce domaine, notre droit du mariage va même plus loin que le Droit général des contrats puisqu'il admet la rupture du mariage lorsqu'il y a inéxécution même involontaire de l'un des devoirs du mariage : en effet, l'un des conjoints peut demander le divorce pour altération grave des facultés mentales de l'autre, lorsque le devoir de communauté affective et spirituelle ne peut plus être rempli par ce dernier.

Enfin, notre Droit prévoit la rupture de l'union par volonté unilatérale et achève ainsi l'assimilation du mariage au contrat : il existe depuis la loi du 11 juillet 1975 un divorce pour rupture prolongée de la vie commune, demandé par celui qui a, depuis longtemps, quitté le domicile conjugal et qui ne peut rien reprocher à son partenaire si ce n'est d'avoir attendu son retour sans tenter quelque chose contre lui.

L'article 237 du code civil prévoit en effet « qu'un époux peut demander le divorce, en raison d'une rupture prolongée de la vie commune, lorsque les époux vivent séparés de fait depuis six ans ».

Mais on exige la preuve de cette intention de ne jamais reprendre la vie commune, et il faut bien reconnaître que l'existence d'une nouvelle et durable union de fait est, pour la jurisprudence, un signe d'une grande importance : dans une affaire soumise au Tribunal de Grande Instance de Paris l'épouse se prévalait pour le succès de sa demande, de son propre adultère ; le mari, de son côté, avait à l'égard de cet adultère une attitude de sereine résignation et il niait qu'il y eût pour autant rupture de vie commune.

Il se bornait à dire, à la façon du Comte d'Artois, rentrant en France en 1814 : « Rien n'est changé dans mon ménage si ce n'est qu'il s'y trouve un partenaire de plus ». Hélas pour le mari, sa bonne volonté n'a pas été récompensée ; les juges estimèrent que « malgré la subsistance de relations nécessitées par l'existence d'enfants mineurs, il y avait rupture de vie commune au sens de l'article 237 du code civil ».

Cependant, comme dans tout contrat, celui qui décide d'y mettre fin par volonté unilatérale doit payer le prix de sa liberté : le législateur a donc décidé que le conjoint qui demande le divorce pour rupture de la vie commune, doit prendre en charge toutes les conséquences du divorce.

La dissolution du mariage par volonté unilatérale renforce donc la tendance contractuelle de l'union.

C'est que le Droit ne contraint pas à l'héroïsme. Il laisse à chacun, en conscience, la liberté de préserver le caractère sacré de cet échange de volontés.

Que reste-t-il donc du caractère institutionnel du mariage ?

II — LE MARIAGE-INSTITUTION

Dans les années 1920-1930, le juriste publiciste, Maurice Hauriou, émit l'idée que le mariage pouvait être considéré comme un organisme social : on serait en présence non pas d'un croisement de volontés à contenu différent, comme le prévoit la théorie du contrat, mais d'un faisceau de volontés ayant le même contenu et tendant vers le même objet.

Rapporté au mariage, cela signifie qu'il y a accord de deux volontés tendant vers le même but : la constitution d'une famille.

D'autres juristes ont également soutenu que la conception purement contractuelle n'explique pas le rôle de l'autorité publique dans la formation et la dissolution du mariage.

Celui-ci ne peut se former sans l'intervention de l'officier d'état civil et ne peut se dissoudre du vivant des époux, sans celle du juge.

Cette critique est cependant aisément réfutable : en effet le mariage est considéré comme faisant partie de cette catégorie des contrats dits « solennels » c'est-à-dire des contrats qui nécessitent la présence d'une autorité lors de leur signature ; cette solennité est requise pour la validité même du contrat. En fait, l'insuffisance de la conception contractuelle tient seulement au fait que le contrat doit rester un acte privé. Or, dans notre droit la société intervient en posant des interdits et en imposant des rites.

1 – La société pose des interdits

Le premier interdit est celui de la polygamie simultanée : notre droit civil est fondé sur une conception monogamique du mariage ; pour prévenir des unions simultanées, le code civil impose à toute personne qui veut se marier de remettre à l'officier d'état civil une expédition de son acte de naissance (datant de trois mois au plus) sur laquelle figure donc la mention d'un mariage antérieur.

De plus, le conjoint au mépris duquel aurait lieu la nouvelle union pourrait y faire opposition.

Mais le droit pénal sanctionne aussi la bigamie par un emprisonnement de 6 mois à 3 ans et/ou par une amende de 500 à 20 000 F.

Quant au nouveau mariage, il est nul, d'une nullité absolue.

En revanche notre société admet les mariages successifs ; elle admet d'abord le remariage des ex-conjoints entre eux. Pourtant les rédacteurs du code civil avaient estimé qu'il ne fallait pas permettre aux époux de se jouer du divorce après s'être joué du mariage ; ils avaient donc interdit tout remariage entre époux divorcés. Cette interdiction ne fut définitivement levée qu'en 1930.

Pendant très longtemps, le code civil interdit également le remariage de l'époux adultère avec son complice. Cette interdiction disparut en 1904. Mais dans la plupart des pays voisins de la France, la disparition de cet empêchement à mariage est le fait de lois beaucoup plus récente.

Abolie en 1957 aux Pays-Bas, la prohibition n'a été supprimée en Belgique qu'en 1973 et au Luxembourg en 1974.

La société interdit également l'inceste. Cette interdiction repose traditionnellement sur deux raisons :

• La première est d'ordre physiologique et eugénique : on craint, une fois de plus, que les enfants nés de l'union de proches parents ne soient atteints de tares.

• La seconde raison est d'ordre éthique : on veut éviter que des personnes appartenant à un cercle de famille assez étroit, puissent envisager une union dont la perspective entraînerait des désordres.

Il existe donc une zone d'horreur où l'interdit est absolu : c'est l'inceste en ligne directe, c'est-à-dire entre père et fille, mère et fils, frère et sœur.

Puis, il existe une zone d'accommodement où une dispense est possible c'est le cas entre alliés en ligne directe, c'est-à-dire entre beau-père et bru, belle-mère et gendre ou encore entre oncle et nièce, tante et neveu.

Enfin, la dispense a été supprimée pour le mariage entre beau-frère et belle-sœur, que la première alliance ait été dissoute par divorce ou par décès.

2 – La société impose aussi des rites

Avant même la cérémonie du mariage, une formalité préparatoire est exigée : la publication du mariage qui a pour but de prévenir les tiers afin que ces derniers puissent révéler à l'officier d'état civil leur opposition.

C'est à propos d'une telle opposition que fut rendu, à l'aube du code civil, un arrêt historiquement célèbre, l'arrêt MAUPOU (1814) : un grand monsieur, scandalisé parce que sa fille majeure s'était laissée enlever par un de ses domestiques, prétendit se servir de l'opposition comme d'un mécanisme permettant de faire valoir, en dehors des empêchements légaux, des empêchements de moralité, de tradition, de bienséance, bref des préjugés d'ancien régime sur l'inégalité des personnes.

La Cour de cassation le ramena bien vite au principe de légalité : les ascendants comme certains collatéraux ne peuvent faire opposition qu'en invoquant un empêchement ou un motif prévu par la loi tel que la démence du futur époux.

Quant à la célébration elle-même, l'article 75 du code civil en indique le rituel.

La solennité tient à la présence du maire qui doit être territorialement compétent.

La célébration doit être publique ; les portes de la mairie doivent rester ouvertes.

Parmi les personnages de la cérémonie, il faut citer les deux témoins qui ne sont là qu'avec un rôle probatoire, afin de certifier l'identité des parties et d'attester que l'acte a été accompli.

Mais on s'est demandé qui des époux ou de l'officier d'état civil jouait le rôle efficient.

Quelle est la parole décisive : le dernier « oui » ou la déclaration du maire selon laquelle les parties sont unies par mariage ?

L'intérêt pratique de la controverse apparaîtrait si l'une des parties décédait ou prétendait se rétracter entre le dernier oui et la déclaration de l'officier d'état civil.

L'intérêt théorique est quant à lui considérable : les rapports de l'individu et de l'Etat y sont impliqués.

Une opinion assez répandue donne le rôle déterminant au maire : il est plus qu'un notaire, il est le représentant de l'autorité publique, de la LOI. Il célèbre l'union. D'autres prétendent, en revanche, que l'article 146 du code civil met au premier plan le consentement des parties ; en conséquence, le maire prenant la suite du témoin privilégié de la tradition canonique ne serait qu'un témoin.

Pourtant, des volontés privées échangées en l'absence d'un officier d'état civil ne feraient pas un mariage : le mariage serait inexistant.

Les rites constituent aussi un moyen de preuve ; contrairement à certains Droits étrangers qui admettent la preuve du mariage par la cohabitation et la réputation (Etats-Unis), notre code civil, fidèle à la révolution, a écarté la possession d'état d'époux comme preuve du mariage.

« La possession d'état, dit le code, ne peut dispenser de représenter l'acte du mariage ».

Pourtant, il suffirait d'un trait de plume pour faire disparaître la négation et du jour au lendemain tous les cohabitants se retrouveraient mariés.

Les rites apparaissent donc comme une nécessité ; « c'est quelque chose de trop oublié », confiait le Renard au Petit Prince.

Mais le danger serait de ne défendre que l'institution sans s'interroger sur la validité d'un rite sans fondement.

L'Institution peut n'être qu'un moyen : c'est le cas lorsque le mariage est célébré pour rire : on se souvient à ce sujet, de cette jurisprudence empreinte de colonialisme qui avait annulé les mariages des fonctionnaires d'outre-mer avec des « petites épouses noires » : il y aurait eu simulacre de célébration selon la coutume autochtone.

En fait, les fonctionnaires en question désiraient surtout pouvoir fonder une nouvelle famille à leur retour en France. Cette jurisprudence est aujourd'hui condamnée.

Il peut encore arriver que le mariage soit simulé, fictif, lorsque le consentement n'est donné que pour atteindre un résultat étranger à l'union matrimoniale : par exemple, ne pas être déshérité, ou bien encore, acquérir la nationalité de son conjoint.

En sanctionnant ainsi la simulation du consentement au mariage, les tribunaux reconnaissent que le rite sans fondement rend le mariage juridiquement inexistant.

Mais qu'en est-il du rite ou de l'institution qui n'est plus soutenue par le respect de la parole donnée ?

Notre Droit positif prouve que l'institution (sans fondement) qui n'est plus qu'une apparence, se condamne à disparaître.

Lorsque les juges sanctionnent pénalement la bigamie de droit mais admettent que la femme légitime et la concubine d'un individu, viennent ensemble réclamer des dommages-intérêts en réparation du décès de ce mari et amant, ils reconnaissent une bigamie de fait et le leurre d'une institution devenue éphémère.

Depuis cinquante ans, l'histoire de notre droit nous apparaît en ce domaine comme l'histoire d'une libération continue : pour se lier comme pour se délier, l'homme n'aura plus d'autre clef que sa propre responsabilité.

Dans ces conditions, les lois sont-elles bien nécessaires au mariage ?

Si demain, les millions de liens matrimoniaux dont la France est tissée étaient déclarés nuls, on peut parier qu'il n'y aurait point, pour autant, de saturnales et que chacun, ou à peu près, resterait avec celle qu'il a choisie une fois.

C'est peut-être que, par dessus le lien juridique, il y a un autre lien plus solide, plus exigeant, qui résulte de la dignité du mariage, du respect des paroles échangées.

Nulle part ailleurs autant que dans cet engagement, il n'est visible que le terre à terre du Droit positif, l'utilité sociale ou la raison ne suffisent à rendre raison de tout.

Dans un univers qui élève la sécurité au rang de valeur suprême, l'amour reste peut-être notre dernière aventure. Il n'y a pour celle-ci, semble-t-il, ni forme émancipée, ni forme réactionnaire, seulement le respect d'une tendresse partagée.

Pascale BOUCAUD

Troisième partie

Mariages, familles, cultures

LE MARIAGE DANS UN PAYS D'AFRIQUE NOIRE : LE BENIN

Voici le témoignage d'un couple Franco-Béninois.

Théodore, enseignant, est originaire du sud du Bénin. C'est là que Marie-Noëlle, médecin, née à Lyon, l'a rencontré et qu'ils se sont mariés. Marie-Noëlle est actuellement en formation à l'Institut des Sciences de la Famille.

Marie-Noëlle :

En tant que médecin, j'ai travaillé deux ans dans un centre de récupération nutritionnelle béninois qui soigne les enfants gravement dénutris. J'ai rencontré beaucoup de femmes qui élevaient seules leurs enfants. J'apprenais alors que le mari était éloigné pour son travail ou qu'il avait une seconde femme, ou encore qu'il n'avait plus les moyens, ni le désir, de s'occuper de ses enfants. Certaines femmes n'avaient pas de mari.

J'ai désiré connaître les causes d'une telle destruction familiale. D'autre part, le nombre peu élevé de mariages chrétiens, pour une communauté ecclésiale si importante m'avait frappée. Il nous a fallu une année pour regrouper six foyers chrétiens dans une ville de 20 000 habitants où au moins 20 % de la population est catholique.

J'aborderai successivement le mariage traditionnel, tel qu'il existe encore en certains endroits, puis son évolution actuelle. J'analyserai ensuite les conséquences de ces transformations.

I — Le mariage traditionnel

Je ne prétends pas décrire toutes les réalités de ce mariage, car au Bénin il existe 52 ethnies qui ont leurs particularités propres. Je m'attacherai au modèle matrimonial dominant au sud du pays.

Dans les milieux ruraux, le mariage coutumier est encore prépondérant. Dans les villes, il persiste, comme une toile de fond, nécessaire aux nouvelles formes matrimoniales. Pour le Béninois d'aujourd'hui, il est encore important de se marier coutumièrement.

C'est une institution dont la fonction est de réaliser une alliance entre deux familles, parfois entre deux villages, afin d'assurer une descendance aux lignages. Au Bénin, le mariage obéit à la tradition patrilinéaire : la femme et les enfants issus du mariage appartiendront définitivement à la lignée du mari.

Autrefois, la future épouse pouvait être choisie dès avant sa naissance. C'était comme une sorte de « chèque en blanc » nécessaire à l'alliance entre deux familles. Tout au cours de son enfance et adolescence, l'enfant savait qui serait son époux ou épouse et apprenait à le (la) connaître ainsi que sa famille. Le plus souvent, le mariage était prévu pendant l'enfance et, de même, les jeunes gens apprenaient à se connaître, le jeune homme rendant de multiples services à sa belle famille.

Depuis une trentaine d'années, le choix du conjoint est quasiment libre. Le jeune homme et la jeune fille se choisissent, mais il faut l'agrément des deux familles pour que le mariage ait lieu.

La compensation matrimoniale était un symbole du don de fécondité. Autrefois, chez les Adjas et les Aizos, deux lignées s'échangeaient les femmes à marier. Chez les Adjas les femmes devaient être enceintes avant l'échange. Aujourd'hui, la dot est versée par le fiancé ou sa famille. Elle permet théoriquement à la famille de la jeune fille de trouver à son tour une épouse pour ses fils. Lorsque cette dot est entièrement versée, le mariage peut avoir lieu. Actuellement, cette dot sert souvent à équiper la jeune fille pour son nouveau foyer.

La cérémonie du mariage est très variable selon les ethnies, mais on peut trouver des points communs : échange de cadeaux entre les deux familles, hostilité feinte entre les familles, consultation des ancêtres ou des esprits, transfert de la jeune fille dans la famille du garçon, consommation contrôlée du mariage.

Alors qu'en Occident le mariage est définitivement scellé après le « oui » des époux et la première relation sexuelle, le mariage béninois est définitivement contracté à la naissance du premier enfant et plus exactement du premier fils.

La polygamie a plusieurs origines et elle n'est pas obligatoire dans toutes les ethnies. Sa cause première est la stérilité de la première femme : si l'enfant ne vient pas, la famille du marié le pousse à prendre une seconde femme. Celle-ci, par sa descendance, assurera une maternité légale à la première épouse.

Théodore :

Prenons le cas des Toris. Il va peut-être vous choquer, mais c'est celui que je connais le mieux. Ma mère était la treizième femme de papa. Elle n'avait pas été choisie par mon père, mais avait été mariée deux générations avant, parce que mon grand-père avait dit à un ami : « tu m'as tellement rendu de services qu'il faudrait que nos familles soient liées ». On a, alors, patiemment attendu qu'un bébé vienne, dans une famille comme dans l'autre, pour honorer l'engagement. Ainsi, dès sa naissance, ma mère savait dans quelle famille elle aurait à vivre et, au lieu de recevoir l'éducation qu'on donne aux filles de sa lignée, elle a reçu celle de sa belle famille. Ses parents étaient agriculteurs, alors que, du côté de papa, on était commerçants et responsables du fétiche du village.

Maman a été élevée dès son bas âge pour mieux vivre sa situation d'épouse plus tard. Ce qui n'empêche pas que, au fur et à mesure qu'elle grandissait, elle a toujours eu l'impression d'avoir choisi son mari. Comment cela peut-il se faire ? Dans la famille de maman comme dans la famille de papa, il y a les tantes marieuses, qui suivent les enfants dès leur bas âge. Ce sont elles qui font les couples. Elles voient peu à peu quel petit garçon pourrait aller avec telle petite fille. Ensuite on laisse faire les choses... C'est un « hasard calculé »... Quand on sait, par exemple, que telle petite fille que l'on voudrait marier à tel garçon va danser dans tel village un soir, on y envoie le petit garçon, en pensant qu'ils finiront bien par se rencontrer... Peu à peu se tissent des liens d'amitié.

Quand les jeunes gens viennent demander aux parents l'autorisation de se marier, au départ ceux-ci font mine de refuser : « on ne sait jamais si c'est pour s'amuser que les enfants demandent ou s'ils réalisent la portée de ce qu'ils veulent faire... ». Ensuite commencent les vraies négociations. Une délégation dont la composition varie d'une région à l'autre (généralement il y a une tante, un oncle et des cousins ; le père et la mère n'y sont pas, parce qu'ils sont responsables directs) se présente à l'autre famille pour lui demander la main de la jeune fille. Mais on ne vient pas dire : « j'ai trouvé votre fille jolie, il faudrait qu'elle se marie avec un tel » ; on dira plutôt par exemple : « la calebasse avec laquelle nous puisons l'eau chez nous est cassée. Il se trouve que l'une des vôtres, hors d'usage, pourrait encore servir, alors je viens vous demander... ». Ou bien, « Chez nous, il n'y a plus assez d'huile dans la lampe familiale. Peut-être y aurait-il chez vous un enfant que l'on enverrait au marché chercher de l'huile pour que nos ancêtres ne soient pas dans les ténèbres »... Les réponses seront généralement données sous forme imagée, de proverbes généralement. C'est une bataille assez serrée, cela vaut le coup d'y assister quand on connaît la langue. Il y a des choses que l'on ne pourra jamais traduire, surtout dans des négociations comme celles-là. Après cette première étape, il faut que les jeunes gens se montrent dignes. On les surveillera. Ils devront être gentils avec tout le monde ; on les « exploitera » un peu ; par exemple quand on sait qu'un garçon voudrait une fille de la famille et qu'il a les bras valides, on lui fait labourer les champs de presque tout le monde... Il ne peut pas refuser ; s'il refuse de travailler c'est qu'il est paresseux ou alors qu'il se moque de la famille et que la femme qu'il voudrait n'a pas de prix à ses yeux. On les traite ainsi de part et d'autre.

Ensuite arrive l'étape de la dot : ou bien la famille est suffisamment aisée – je ne dirai pas riche – pour payer la dot du garçon (c'est toujours le garçon qui paie pour la femme) ou bien l'on pratique ce que l'on pourrait appeler le « marché de la dot ». Le jeune homme fait dire au village : « je me marie avec telle jeune fille, dans trois mois. Je fixe samedi prochain pour rassembler ma dot ». Tous les jeunes gens qui ont envie que l'on participe un jour à leur dot y vont et donnent une participation. C'est un peu comme un placement. Le principe est que vous receviez en retour environ une fois et demie votre mise. Comme cela, c'est l'ensemble du village qui arrive à rassembler la somme nécessaire. Une fois la dot versée, la famille doit laisser partir sa fille. On essaiera alors de demander tout ce que l'on peut, parce qu'on sait que tant que l'on a encore la fiancée on tient le jeune homme, tandis qu'à partir du moment où il aura sa femme à la maison... il sera toujours gentil, bien sûr, mais on ne pourra plus faire pression sur lui.

Quand la famille estime qu'elle a déjà assez demandé, elle fixe un jour pour accompagner la fiancée dans la chambre du fiancé, lequel doit être absent à ce moment-là. Il ne rentrera que le lendemain, quand il verra une lampe dans sa case. Il sera alors accueilli dans sa maison. Si la famille, pensant qu'elle n'a pas retiré encore tout ce qu'elle peut, refuse de laisser partir sa fille, le garçon peut rassembler quelques amis, pour qu'ils aillent enlever cette fille et la conduire chez lui. Mais, alors, il sera absent de sa case. Autrement ce serait un déshonneur pour la famille alliée. Une fois la femme enlevée, on enverra une délégation pour s'excuser et se réjouir en même temps, de l'enlèvement. On dira en substance : « vous devriez quand même être contents, car si c'était une autre personne qui avait enlevé cette fille, ce serait un grave litige entre les deux familles... Il est vrai que les garçons d'aujourd'hui sont trop pressés ; ils ne nous écoutent pas, ils ne sont pas patients, ils font tout à leur tête... Mais vous devez leur pardonner : rappelez-vous de votre temps... ». Tout fini par s'arranger : la famille alliée envoie alors une autre délégation pour constater les conditions de la consommation du mariage. Des tantes ont préparé la chambre nuptiale, puis attendent à côté, pour savoir si la jeune fille était vierge ou non. Si elle n'est pas vierge, elle retourne dans sa famille, ce qui implique le remboursement intégral de la dot, exceptés les petits cadeaux. Imaginez le poids d'une telle pratique sur la conscience des filles ! Autant dire que les filles qui arrivaient au mariage sans être vierges n'étaient pas nombreuses.

Quand tel était le cas, et si c'était le fiancé lui-même qui avait connu sa femme avant la noce, il était soumis à une amende correcte, qu'il réglait pour avoir transgressé un peu les règles de la société. Sinon, c'était un peu plus dramatique. Chez les Toris, par exemple, le mari ne pouvait pas, pour faire plaisir à sa femme, dire : « c'est moi qui l'ai connue ». Il y avait l'*ordalie*, épreuve d'une sorte de poison qui juge la conscience. Je ne sais pas de quoi il est fait, mais on croit qu'il tue vraiment quand on ment. Je ne l'ai pas expérimenté et n'ai aucune envie de le faire. Si le mari accepte quand même de garder cette femme non vierge, il faut qu'il sache quels sont ceux qui l'avaient connue avant son mariage. Voici la justification que l'on donne pour cette épreuve : « Tous les jeunes hommes vont aux mêmes parties de chasse, ils peuvent être appelés à aller en guerre en même temps contre la même tribu. S'ils ont aimé en même temps la même femme, ils peuvent être ennemis mortels et se tirer dans le dos ». C'est pour éviter pareille situation qu'il faut donc qu'elle les dénonce, alors la paix sera préservée entre les vivants et entre les vivants et les morts.

II — Valeurs et limites du mariage traditionnel

Marie-Noëlle et Théodore

a) *les valeurs :*

– sécurité de chacun des membres de la famille. Chacun, porté par son lignage, a une place unique et interchangeable ; il est quelqu'un pour tout le monde et chacun est quelqu'un pour lui.

– par le biais de la polygamie, la femme stérile devient mère légale. Ceci est important dans un pays où la femme est reconnue par sa « fonction génitrice garantissant la pérennité du lignage de son mari » (5).

– la pratique du lévirat évite l'abandon des veuves et des orphelins.

– le divorce n'existe pratiquement pas.

Théodore :

Ce qu'on pourrait apparenter au divorce est une sorte de mise en quarantaine. Quand un mari n'est plus satisfait de sa femme, il dit publiquement à ses proches : « je ne suis pas content de ma femme. Tant qu'elle n'aura pas amélioré son comportement, elle n'est plus ma femme. » Sauf dans le cas où l'honneur de la famille est en jeu, les hommes hésitent à demander une procédure de divorce. En effet, il faudrait l'accord de tous les membres de la famille (ici du lignage c'est-à-dire de tous les descendants d'un même ancêtre) et le remboursement de la dot.

Dans tous les cas on fait savoir à la belle-famille que sa fille a démérité. Cette situation peut aller loin, jusqu'à ce que le mari prenne une autre femme. Parfois la situation peut s'arranger. Cela fait en tout cas réfléchir lorsque l'on a envie d'abandonner sa femme.

b) *les limites :*

– le mariage tient grâce aux familles et grâce à la dot.

– la polygamie est souvent source de violence et d'inégalités entre les femmes.

– l'initiative et la responsabilité personnelles sont effacées au profit de l'emprise de la famille et du lignage.

III — Evolution du mariage

Marie-Nöelle :

Ses *causes* sont principalement au nombre de quatre :

1) *l'économie monétaire*

La colonisation apportant les plantations industrielles (coton), le commerce, les emplois rémunérés, a individualisé la vie économique. L'individu a de moins en moins besoin de sa famille pour vivre, et inversement, ce sont les individus qui soutiennent la famille. La dot subit les lois du marché. Le mariage est commercialisé et devient source d'enrichissement pour la famille de la fille. Les dots parviennent à des prix exorbitants surtout à Porto-Novo (capitale administrative du Bénin) empêchant certains jeunes de se marier, pendant que des anciens prennent des femmes de une à deux générations plus jeunes.

Actuellement, au Bénin, malgré une législation qui a proscrit les dots exorbitantes, il n'est pas rare de rencontrer des hommes de 35 ans, endettés pour essayer de réunir la somme nécessaire à la dot. Bien que n'étant pas mariés ces hommes procréent, mais ne peuvent prendre en charge leurs enfants.

2) *l'administration*

L'administration coloniale a introduit le mariage civil. C'est le « oui » des deux conjoints qui permet le mariage, même si les familles ne sont pas d'accord. De prime abord ce mariage civil semble donner une certaine liberté aux jeunes, mais il est surtout source de conflits intrafamiliaux compliqués par des histoires de sorcellerie.

Avec cette liberté de se marier, apparaît la liberté de divorcer. Depuis, l'appât du gain, le salariat des femmes et la destruction de la famille traditionnelle, n'ont fait qu'augmenter le nombre de divorces dans un pays où celui-ci n'existait pas.

3) *la scolarisation – les médias :*

La scolarisation a remis en question la vision traditionnelle du monde donnée par les ancêtres africains et a montré un modèle occidental de la famille, famille nucléaire. Les médias, par les informations venant de l'Occident, ont aussi participé à la perte des références culturelles des jeunes (« Dallas » passe à la télévision de certains pays africains).

4) *le christianisme :*

Jusqu'aux années 1970, les missionnaires ont propagé le mariage euro-chrétien décrit dans la législation officielle de l'Eglise. L'Eglise insistait sur l'accord entre deux personnes, et non entre deux groupes. Elle considérait le mariage coutumier par étapes comme inexistant. Elle réprouvait la polygamie, le lévirat. Les jeunes devaient choisir entre le mariage chrétien ou le rejet de leurs coutumes. La pratique du lévirat, considéré coutumièrement comme le prolongement du mariage de l'époux avec la lignée du mari est appelée tour à tour, adultère, concubinage, remariage.

Dans certaines régions d'Afrique, 85 % des fidèles sont exclus des sacrements du fait de la législation sur le mariage. Nous avons pu, mon mari et moi, nous rendre compte de ce phénomène à Bohirou, et constater combien ce problème n'est pas facile à résoudre.

Tel homme, très croyant, marié à trois femmes, ne pourra obtenir le baptême que s'il en renvoie deux, ou les considère comme sœurs. S'il ne désire pas commettre d'injustice envers ses femmes, il les gardera toutes et ne pourra jamais être baptisé. L'Eglise ne reconnaît comme femme légale, que la première épouse, les autres sont qualifiées de concubines ; elles non plus ne peuvent être baptisées !

Les jeunes couples ont peur de se marier à l'Eglise. Ils savent qu'en cas de stérilité, prendre une deuxième femme est interdit ; et, si ce même couple attend d'avoir un enfant pour se marier religieusement ; l'Eglise appelle cela « mariage à l'essai » et le condamne également.

Alors qu'au Synode sur la famille trente-sept évêques venaient d'Afrique, aucun élément des particularités culturelles africaines n'a été pris en compte lors de la rédaction du document final.

Au Bénin, un groupe nommé le « sillon noir » sous la direction du Père Adokonou essaie de réfléchir à ces problèmes, ce prêtre donne en partie la clef des problèmes lorsqu'il dit « ce n'est pas la foi qui doit être inculturée, mais notre culture qui doit être évangélisée ».

Conséquences de cette évolution :

1) *Pluralisme des modèles familiaux :*

Actuellement, toutes les formes de famille se rencontrent au Bénin : mariages coutumiers, concubinage, rares mariages chrétiens, nombre élevé de femmes élevant seules leurs enfants.

Des hommes mariés à une seule femme entretiennent plusieurs maîtresses. Le nombre de divorces est élevé, les relations sexuelles précoces et le nombre d'avortement aussi.

A Bohicon, à la veille des vacances scolaires de Noël, le médecin scolaire avait trouvé 37 jeunes lycéennes enceintes. Au retour des vacances seulement 10 le restaient.

Quoi qu'il en soit, à un moment donné le ou la Béninois(e), loin de son village, cherchera toujours à célébrer le mariage coutumier pour être en règle avec la famille et les esprits.

2) *Morphologie des familles urbaines*

Actuellement dans les villes du Bénin (Cotonou, Parakou, Ovidah, Porto Novo...) la morphologie des familles dépend plus des conditions socio-économiques que d'obligations liées à la tradition. La polygamie officielle diminue, en raison de la « conjoncture économique » très difficile [terme entendu à tous les coins de rues dans les villes béninoises].

Un homme pauvre restera seul, fuira la parenté et même la conjugalité tout en procréant des enfants qu'il ne pourra entretenir. Les catégories sociales démunies, peu sollicitées par leur parenté se rapprochent plus du modèle nucléaire. Les catégories sociales moyennes forment des familles « composées élargies » selon l'expression de J.P. Dozon. La famille nucléaire reçoit un ou plusieurs parents de la famille élargie en échange de menus travaux domestiques. Seules les couches sociales qui connaissent une grande stabilité économique peuvent se permettre une famille polygame.

Les intellectuels choisissent très souvent le mariage monogamique tout en ayant plusieurs maîtresses. Ils veulent avoir les avantages de la polygamie sans en avoir les inconvénients (s'occuper des enfants). A l'inverse, les filles sont maîtresses de plusieurs hommes pour en tirer le maximum de profits financiers.

Ce tableau matrimonial paraît sombre. Mais telle est la réalité dans les villes. Les pratiques sont pourvoyeuses d'enfants semi-abandonnés, malnutris, de femmes débordées de travail. Dans les villages la tradition est encore là ; mais la scolarisation, l'exode rural augmentent et c'est peu à peu toute la société traditionnelle qui est détruite.

Pour nous, seul le message évangélique avec ses valeurs de respect de l'autre, de dignité, de fidélité, de création de l'autre, peut permettre une transformation de l'intérieur des attitudes de ces hommes et femmes béninoises : il peut permettre de retrouver un mariage en équilibre harmonieux entre la tradition et les rapports culturels extérieurs.

Marie-Noëlle et Théodore ADOUMBOU

Bibliographie

(1) ADOUKONO Barthélémy *Mariage et famille en Afrique*, réflexions anthropologiques et suggestions pastorales, in *Communio*, n° XI, 6, nov-déc. 1986.

(2) BANDA Kuvala *Réflexions sur la situation des femmes africaines*, changements dans les coutumes sexuelles, in *Pro mundi vita*, dossier Afrique, n° 33, fév. 1985, p. 16 à 23.

(3) DOZON J. Pierre-SEGALEN Martine « *En Afrique la famille à la croisée des chemins* in *Histoire de la famille,* Ed. Armand Colin, 1986, p. 301-338.

(4) GUILLOU Anne *Vieillesse des femmes*, la seconde vie des femmes béninoises in *Pénélope*, n° 13, automne 1985, p. 67-70.

(5) HEIJKE J. *Le mariage en Afrique* in *Pro mundi vita* ; dossier Afrique n° 36, janv. 1986.

(6) KIZEMBO Benezéri, MAGESA Laurent, SHORTER Aylward *African christian mariage,* ed. G. Chapman.

(7) MAQUET Jacques *Africanité traditionnelle et moderne*, Présence africaine, 1967.

(8) Anonyme *Mariages*, in Pirogues n° 36, janv-mars 1980.

(9) *Pro mundi vita*, Dossier africain n° 2, juin 1976, *vie de famille et mariage des chrétiens en Afrique subsaharienne.*

(10) *Pro mundi vita*, Dossier africain n° 9, oct. 1977, p. 19 à 25, *contributions aux droits et aux torts des africaines* : le pourquoi du mariage en Afrique.

(11) SŒUR MARIE ANDREE DU SACRE CŒUR *La condition humaine en Afrique noire*, éd. Grasset 1958.

LA FAMILLE ET LE MARIAGE AU MAGHREB

I — La famille

Avant d'aborder la famille maghrébine dans ses structures traditionnelles, puis dans ses évolutions au Maghreb ou dans l'immigration, il est nécessaire de faire deux remarques préalables :

– La société maghrébine est en pleine mutation. Il faut en rappeler les structures traditionnelles, parce qu'elles restent très présentes à la campagne et même en ville : elles sont en quelque sorte l'« humus » dans lequel s'enracine la société actuelle. Mais il s'agit d'une réalité essentiellement mouvante, que toute description risque de « figer ».

– Nous parlerons de la famille maghrébine et non de la famille musulmane en général. Les modèles familiaux varient selon les régions du monde musulman. Et en ce qui concerne le Maghreb, un certain nombre de structures sont antérieures à l'arrivée de l'Islam. Elles sont communes aux sociétés du pourtour de la Méditerranée, et pour certaines aux sociétés pré-industrielles : famille élargie dont l'assise économique est l'appropriation indivise des biens, pré-éminence de l'homme mais pouvoir de la mère (la « mamma italienne ») en particulier sur ses grands fils, mariages conclus par le groupe et en fonction de ses intérêts... L'Islam a rendu sacrées, intangibles ces structures héritées de la société tribale. Il leur a servi de cadre idéologique. Il en résulte un blocage entre les traditions et la religion, blocage auquel se heurtent les femmes qui aspirent à une évolution de leur statut dans la société.

1 – La famille traditionnelle

Deux éléments essentiels la structurent : la dimension de la cellule familiale (famille élargie, dite patriarcale, par opposition au ménage) et la séparation des sexes. En fonction de ces éléments, les rôles se répartissent de manière assez rigide entre les différents membres du groupe.

a) La famille patriarcale

C'est la structure de base intégrée dans l'organisation tribale. Son habitat est la grande maison dont les différentes pièces (parfois une par ménage) donnent sur la cour intérieure, de telle manière que la vie familiale se déroule à l'abri des regards étrangers.

Elle est une communauté dont la cohésion est assurée par l'autorité – quasi absolue – du père de famille.

– *Communauté de sang.* La parenté se transmet par les mâles, les agnats. Le fils appartient au groupe consanguin de son père, non de sa mère. Son épouse demeure à bien des égards étrangère à la famille, à laquelle ses enfants l'intègreront.

– *Communauté de biens.* « Même terre, même toit, même marmite » (adage arabe).

L'appropriation collective des terres, des troupeaux, des biens immeubles est la base économique de la famille (en monde rural, elle est une exigence vitale, compte-tenu des aléas des récoltes). Les membres de la famille ont un budget unique (« ils mangent dans le même plat »). Traditionnellement, l'émigré était le délégué de tout le groupe.

– *Communauté de vie.* La vie commune se déroule dans un climat affectif qui manque à ceux qui ont quitté la famille (femmes dans l'immigration). La solitude est mal supportée. Le fils – même marié – doit rester sous le toit paternel.

Mais cette cohabitation réduit les moments d'intimité dans un couple : « Le difficile ce n'est pas de vivre dans sa belle-famille, mais de ne pas avoir d'intimité avec son mari ».

b) La séparation des sexes

La maison, au Maghreb, est un lieu féminin. Pour la femme parce qu'elle est le cadre normal de son existence. La maison est conçue pour elle, pour protéger son intégrité, pour qu'elle y soit à l'aise pendant la grande partie de son temps sur terre où elle y vit. Pour l'homme, la maison est l'endroit où il vient s'unir à son épouse et manger la nourriture que les femmes préparent... Et dans cette maison, l'homme n'est pas tout à fait à l'aise, un peu comme s'il n'y était pas chez lui » (Nefissa ZERDOUMI, « Enfants d'hier », Maspéro, Paris, 1979, p. 44).

« L'homme est la lampe du dehors et la femme la lampe du dedans » (proverbe arabe).

– *Le dedans* : c'est le domaine de la femme, de la famille, du privé.

La *maison est le domaine des femmes.* Quand elles sont entre elles, elles manifestent une très grande liberté, elles ont leur langage. Et c'est ensemble qu'elles assument les différentes charges de la maison, en particulier les soins aux enfants.

La maison est le royaume de la mère. Selon l'adage, « l'homme règne, mais la femme gouverne » ; le pouvoir réel appartient souvent à la mère, surtout avec les années. Ainsi les mariages se négocient entre mères (par exemple au hammam), et il ne reste aux pères qu'à faire les démarches officielles. L'autorité du père à l'égard de ses enfants s'exerce par la médiation de la mère.

Le lien mère-fils est très fort. « Le paradis est sous les pieds de ta mère ». Le fils – même adulte – peut rester très dépendant de sa mère (dépendance qui est source de conflits dans les couples).

– *Le dehors.* C'est le domaine de l'homme, du public. (spectacle d'une rue peuplée d'hommes).

L'homme vit peu à la maison. Il est dehors pour travailler, pour effectuer achats et démarches, et pour gérer les affaires de la cité.

Cette séparation des sexes a pour conséquence une vie collective des femmes d'un côté, des hommes de l'autre.

– Les femmes ont leurs moments et leurs lieux pour se retrouver : leurs moments, les fêtes religieuses et familiales, les veillées de Ramadan, et leurs lieux, le « hammam » (bain maure), les terrasses des maisons...

– Les hommes se retrouvent en dehors des maisons, dans la rue, les cafés, les marchés. Ensemble ils exercent un rôle de contrôle et d'éducation sur les jeunes. C'est pourquoi, dans l'immigration (et aussi dans les grandes villes du Maghreb), les jeunes sont davantage livrés à eux-mêmes parce que les hommes ne peuvent plus assumer collectivement cette responsabilité. Et il est remarquable que la création en France de lieux de culte permet aux hommes de se retrouver et de remplir à nouveau leur fonction de surveillance à l'égard des jeunes.

c) Les rôles

Chaque membre du groupe a un rôle qui lui est propre au service de l'ensemble.

– le père a l'autorité ; il assume seul la charge de l'entretien de la famille par son travail et des relations avec l'extérieur, accueil dans la maison, achats, démarches.

– la mère gouverne la maison et éduque les enfants ; les garçons jusqu'à l'âge de 8-10 ans et les filles jusqu'à leur mariage ; elle a la garde des traditions religieuses et sociales au sein de la famille.

– Le fils ainsi relaie son père quand celui-ci est absent (par exemple en immigration), dans sa triple fonction d'autorité, d'entretien de la famille et de relations avec l'extérieur.

– La fille aînée, relaie sa mère pour les tâches ménagères et les soins donnés à ses frères et sœurs plus jeunes.

Le sociologue Pierre Bourdieu exprime avec bonheur la fonction sociale de la famille et le rôle que chacun doit y assumer au service de tous : « La famille est l'« alpha » et l'« oméga » de tout le système : groupe primaire et modèle structural de tout groupement possible : atome social qui assigne et assure à chacun sa place, sa fonction et en une certaine façon, son être ; enfin et surtout, unité cohérente et stable, qui se situe dans un réseau de solidarité dont la permanence et la sauvegarde doivent être assurées, avant tout, par dessus tout, aux dépens s'il le faut des aspirations et des intérêts individuels ». (P. BOURDIEU « Sociologie de l'Algérie », Que Sais-je ? n° 802 – PUF Paris 1974 – p. 86).

2 – Les évolutions au Maghreb

La société maghrébine est en pleine mutation.

La famille élargie s'oriente progressivement vers le modèle conjugal sous l'influence de différents facteurs :

– Exode rural et déplacement des populations d'une région à l'autre de chaque pays à cause des activités professionnelles du chef de famille.

– Urbanisation : depuis l'indépendance de l'Algérie, le taux de la population vivant en ville est passé de 10 % à 50 % ; le type d'habitat (appartement dans des grands immeubles) fait éclater la famille élargie : il faut toutefois noter que la population des villes reste très proche de ses racines et traditions rurales (et cela dans tous les milieux sociaux).

– Scolarisation des filles : le taux est presque aussi élevé que pour les garçons. Elles sont nombreuses dans l'enseignement supérieur (grâce à la multiplication des universités et grandes écoles à l'intérieur du pays).

– Accès des femmes à une activité professionnelle. On les trouve surtout dans les carrières médicales et sociales, c'est-à-dire dans leur domaine traditionnel, celui du privé. Elles sont aussi dans l'enseignement, la magistrature et le barreau, mais peu dans l'industrie, l'armée et la politique (mais l'Algérie peut s'enorgueillir d'avoir une femme comme ministre de l'éducation nationale).

– Influence des modèles occidentaux grâce aux mass-médias : radio, films, vidéo-cassettes et peut-être bientôt la T.V. grâce aux satellites.

Mais cette évolution rencontre des obstacles, des blocages, un passage à vide : les règles traditionnelles sur lesquelles reposait la famille perdent leur force et les règles nouvelles ne sont pas claires.

D'où un malaise dans la population féminine :

– Démoralisation, insatisfaction à l'égard de leur vie actuelle, insatisfaction qui s'exprime soit sous forme de révolte, soit sous forme de résignation.

Ne sont à l'aise que les femmes âgées ou celles qui ont réussi à trouver un équilibre satisfaisant dans leur vie de couple. Peut-être aussi certains jeunes, adhérant à fond à un retour à l'Islam, retour qui justifie à leurs yeux toutes les limites mises à une évolution qui est occidentalisation.

– Désorganisation sociale, à cause des contradictions entre les générations : ainsi une fille a fait de bonnes études et même est parvenue à exercer une activité professionnelle ; elle sera pourtant mariée selon la volonté d'une grand-mère qui ignore tout du monde moderne. Autre contradiction, une fille, petite dactylo, fera vivre toute la famille alors que son frère aîné est sans travail. Ou encore une jeune femme va reproduire dans l'éducation qu'elle donnera à ses garçons et à ses filles les modèles qu'elle rejetait avant son mariage.

Cependant la situation évolue. Face à l'homme qui veut continuer à la dominer et à la maintenir dans le domaine privé, la femme revendique toute sa place. Et l'évolution en cours se déroule sans doute dans un sens plus conforme au génie de cette société, ce qui accuse l'écart avec l'évolution dans l'immigration.

3 – Dans l'immigration

Dans *l'immigration*, nous pouvons repérer deux tendances contradictoires, l'une de repli sur les conceptions traditionnelles, l'autre d'évolution.

Le repli est une réaction naturelle de défense dans une communauté minoritaire et dominée, en particulier au niveau culturel. Elle se traduit dans l'éducation des filles, le contrôle de leurs sorties (« Je vais te renvoyer au pays pour que tu sois une vraie jeune fille »), dans la manière dont est envisagé le mariage des enfants...

En même temps, il faut relever une évolution, d'ailleurs spécifique par rapport à celle qui existe au Maghreb. Le changement concerne principalement le rôle de la mère. Celle-ci occupe une place de plus en plus importante dans son foyer, en prenant en charge la majorité des relations avec l'« extérieur » (école, services sociaux, centres de soins, administrations...). Le risque est que cette promotion de la femme se fasse au détriment du mari, relégué dans son rôle économique (n'être plus que celui qui apporte la paye). Heureusement, en dehors des familles profondément destructurées, les mères veillent souvent à ce que les enfants respectent l'image de leur père. En outre, tous les rapports que la femme entretient avec la société française favorisent son adaptation, alors que son mari peut avoir du mal à sortir du milieu immigré qu'il retrouve souvent au travail, mais aussi dans les loisirs.

Le rôle que jouent souvent les enfants – même jeunes – dans les relations avec la société d'accueil, peut avoir des conséquences néfastes : pour les enfants, mauvaise image du père et de la mère ; pour les parents, sentiments de frustration. Mais il faut noter – en positif – la manière dont les aînés – surtout les filles – assument souvent le rôle du chef de la famille tout en gardant vis-à-vis de leurs parents, dans le cadre de la vie à la maison, une attitude conforme à la norme traditionnelle.

II — Le mariage dans le droit musulman

Au Maghreb, avant les indépendances, le mariage était régi par le droit musulman et non par le droit français. Rappelons que la loi musulmane (la « Chari'a ») est tirée du Coran et de la Tradition du prophète (la « Sunna »). Cette Loi est donnée par Dieu pour régir – en principe – tous les domaines de la vie. Il faut l'accueillir comme Parole de Dieu. Elle est l'objet d'une science fondamentale en Islam, le « Fiqh ». Cette science s'est développée selon quatre écoles juridiques (ou « rites »), qui comportent certaines différences d'interprétations, spécialement en ce qui concerne le statut de la femme. Au Maghreb, on suivait le rite malékite.

Les codes de la famille promulgués après les indépendances ont réglementé ce domaine en prenant une distance plus ou moins grande à l'égard du droit malékite.

Nous présenterons les règles principales du droit malékite en matière de mariage, puis la manière dont les codes de la famille des trois pays maghrébins les ont reprises ou modifiées.

1 – Le droit malékite

a) *La forme du mariage.* Contrat bi-latéral privé (aucune forme solennelle). Sont requis la présence de deux témoins masculins et le paiement d'une dot par le futur mari (condition de validité). La future épouse n'assiste pas à la conclusion du contrat ; elle est représentée par un « tuteur matrimonial » (« Wali »), normalement son père.

b) *Le consentement des deux parties* est requis. Mais la fille vierge (c'est-à-dire jusqu'à la conclusion de son premier mariage légitime) demeure sous la dépendance de son père, qui peut exercer sur elle un « droit de contrainte légale » (« jber »). Par contre une femme veuve, répudiée ou divorcée peut se remarier à son gré.

c) *L'entretien du ménage* incombe au mari seul. La femme n'a pas à y participer et le mari ne peut pas intervenir dans la gestion par son épouse, des biens personnels de celle-ci (dot et bénéfices de son travail).

d) *La polygamie* est autorisée, jusqu'à quatre épouses, mais elle est présentée comme une simple tolérance : le Coran pose une condition qui – prise à la lettre – rendrait la polygamie presque impossible : égalité de traitement entre les épouses.

e) *La dissolution du mariage*

– *La répudiation* (« tlaq »). Il y a parfois la « répudiation convenue » entre les deux époux ; mais il s'agit le plus souvent de la « répudiation unilatérale », privilège du mari.

Au début de l'Islam, Mohammed a voulu poser des limites à une pratique courante en Arabie. « La répudiation est aux yeux de Dieu la plus exécrable des choses licites » (un « hadith », c'est-à-dire une parole attribuée à Mohammed). Pour donner un temps de réflexion au mari, le lien conjugal n'était rompu qu'après trois répudiations successives. Mais la pression sociale (des hommes) a conduit le droit musulman à revenir à la pratique anté-islamique.

– *Le divorce*. La femme peut obtenir la dissolution de son mariage en s'adressant au juge, si elle veut arguer de vices rédhibitoires chez son époux, de non paiement de la dot par le mari, de défaillance de celui-ci pour la prise en charge de l'entretien de la famille, de mésentente ou préjudice (le droit malékite était très libéral en ce domaine).

La procédure est particulière : on recourt à l'arbitrage de représentants des deux époux (Coran S. 4 v.45), arbitres dont la décision s'impose au juge.

f) *L'empêchement de disparité de religion* : interdiction pour une Musulmane d'épouser un non-Musulman et pour un Musulman d'épouser une « idôlatre » (une femme qui n'est ni juive, ni chrétienne).

2 – Les codes maghrébins de la famille

Le code tunisien (13 août 1956) est celui qui s'éloigne le plus du droit musulman. Le code marocain (1957-58) y revient et le code algérien (8 juin 1984) reprend la « chari'a » avec certaines adaptations ; il y est dit explicitement que « sur tous les points où cette loi est silencieuse, on se référera à la chari'a islamique ».

Le tableau ci-joint (p. 87) permet de voir comment les règles du mariage en droit malékite sont reprises ou modifiées par les codes de la famille des trois pays du Maghreb.

Reprenons les points essentiels.

a) *Forme du mariage.* La seule modification importante est apportée par le code tunisien à l'égard de l'exigence du « tuteur matrimonial » : la femme peut – si elle le désire – assister à la signature du contrat de mariage.

b) *Le consentement.* Seul le code tunisien supprime totalement le « droit de contrainte légale ». Les codes marocain et algérien en conservent le principe tout en limitant l'exercice par le père.

c) *L'entretien du ménage.* Là encore, le code tunisien seul prévoit que l'épouse qui travaille peut être contrainte de participer aux charges du ménage. Mais les trois codes maintiennent le principe de la séparation de biens entre les deux époux.

d) *La polygamie.* Elle devient un délit en droit tunisien, alors qu'elle est maintenue avec des limites par le droit marocain (la première épouse peut faire de la monogamie une condition de validité de son mariage) et par le droit algérien (en cas de remariage de l'homme, la femme peut intenter contre lui une action judiciaire pour obtenir le divorce et des dommages et intérêts).

e) *La dissolution du mariage.* La répudiation unilatérale par le mari disparaît du droit tunisien. Elle est maintenue – avec des limites – dans le droit marocain. Quant au droit algérien, le terme disparaît mais la réalité demeure (« divorce par la volonté du mari »). Celui-ci s'adresse au juge qui peut toutefois entamer une procédure de conciliation et, en cas d'échec, condamner le mari à payer à son épouse des dommages et intérêts.

f) *L'empêchement de disparité de religion.* Les codes tunisien et – semble-t-il – marocain sont silencieux sur l'interdiction de mariage avec un non-musulman. Par contre, le code algérien rappelle l'« empêchement de disparité de religion » (art. 31) pour une Musulmane avec un non-Musulman. Et en sens inverse, le mariage est possible, mais l'épouse non-musulmane doit élever les enfants dans la religion du père.

En cas de dissolution du mariage, le code algérien accroît la durée du « droit de garde » en faveur de la mère : jusqu'à 10 ans pour les garçons et jusqu'à l'âge du mariage pour les filles.

Henri LE MASNE

Législation matrimoniale en Tunisie, au Maroc, en Algérie

Tableau de comparaisons

Quelques points	Tunisie	Maroc	Algérie
Contrat privé	Oui	Oui	Oui
2 témoins + dot	Oui	Oui	Oui
Représentation par le tuteur matrimonial	La fille *peut* être représentée, le garçon aussi	La fille *doit* être représentée	La fille *doit* être représentée
Contrainte légale	Supprimée	Supprimée sauf en cas d'inconduite de la fille. C'est alors le juge qui la marie pour la protéger.	Supprimée, mais le père peut s'opposer s'il juge le mariage non profitable à sa fille. Et c'est au juge de trancher.
Consentement de la fille	Oui	Oui mais avec les limites indiquées ci-dessus.	Exigé mais avec les limites indiquées ci-dessus.
Entretien de la vie du ménage	La femme doit y participer si elle a des ressources.	Le mari seul.	La mari seul.
Polygamie	Interdite, C'est un délit.	Permise, sauf si une clause contraire est introduite dans le contrat de mariage.	Le mari doit informer sa ou ses femmes du nouveau mariage. Sa ou ses femmes peuvent alors demander le divorce.
Droit de répudiation par le mari.	Supprimé	Maintenu, mais limité (ex. mari ivre)	Supprimé, mais reste réel
Divorce	Permis. Peut être demandé par l'homme ou par la femme.	Permis. Demandé par la femme, aux conditions du droit malékite.	Trois cas : — par la volonté du mari — par consentement mutuel — à la demande de l'épouse.
Interdiction à musulmane de se marier à un non musulman.	Aucune allusion dans la loi tunisienne.	Oui	Oui
Age légal Date des codes de la famille	G = 21/F = 18 le 13.08.57 (Indépend.08.03.56)	G = 18/F = 15 1957-58 (Indépend.03.03.56)	G = 21/F = 18 le 8.06.84 (22 ans après l'indépendance)

Quatrième partie

Le mariage dans la vie ecclésiale

LE MARIAGE, SACREMENT DE LA FIDELITE

« Si l'on se marie parce qu'on s'aime, pourquoi se marier ? », demande ingénuement le jeune amoureux. De précédents exposés ont montré le lien entre la primauté accordée au sentiment et la méconnaissance du sens de l'institution ; il en va de même en ce qui concerne le sens du sacrement. Et si celui-ci bénéficie parfois d'une sympathie plus grande que celle accordée au mariage civil, n'est-ce pas parce que l'affirmation de la sacramentalité du mariage tend à se confondre avec celle de la sacralité du sentiment ? Pour combien d'esprits, voire dans combien de prêches, la proposition johannique « *Dieu est amour* » ne tend-t-elle pas à se renverser en : « *l'amour est Dieu* » !

Sacramentalité n'est pas sacralité. Si le judéo-christianisme est une trimillénaire entreprise de critique de l'idôlatrie et, en ce sens, de désacralisation, celle-ci concerne aussi bien Eros que les forces vitales ou le pouvoir. Contrairement aux apparences de l'étymologie, le sacrement chrétien renvoie moins au sens du *sacré* qu'à celui de la *sainteté*. Sacramentalité veut dire entrée dans une dynamique inédite de renouvellement et d'ouverture qui vient de plus profond et va plus loin que celle, finalement assez répétitive, de Eros, de l'affectivité et des pulsions. Or, si la subjectivité est ainsi débordée de l'intérieur, voici qu'elle est aussi incitée à se décentrer vers l'extérieur, en s'incorporant à une histoire plus vaste qui est celle de l'Eglise. Sacramentalité veut dire ecclésialité.

Il apparaît donc d'emblée que l'affirmation selon laquelle le mariage est un sacrement touche à de multiples dimensions, et se situe de manière très subtile à l'intersection de plusieurs ordres dont il importe de respecter les différences : l'éthique, le social, le religieux, l'ecclésial. Tous ordres de vie de l'esprit, qu'il ne faut ni confondre, ni dissocier. Karl Rahner écrivait en 1970 : « On peut parler du mariage avec sens et intelligence sans qu'il soit question d'une communication de la grâce » (1). Cette dernière est-elle alors seulement un additif, un « supplément d'âme » facultatif ? La théologie chrétienne s'opposerait à un tel extrinsécisme. C'est au cœur même de la dimension humaine qu'est reconnue la dimension sacramentelle que le croyant éprouve comme vitale. Il est toujours très difficile de dire une unité

(1) – *Eglise et sacrements*, DDB 1970, p. 60.

sans confusion ni séparation. Le Droit Canon propose : « L'alliance matrimoniale, par laquelle un homme et une femme constituent entre eux une communauté de toute la vie (...), a été élevée entre baptisés par le Christ Seigneur à la dignité de sacrement » (2). Mais que signifie « élevée à la dignité » ? Et quelle est la nature du lien entre baptême et sacramentalité du mariage ? Y a-t-il un ou deux mariage(s) ?

La relation si intime d'un sacrement avec une institution qui lui préexiste est propre au mariage, et ne se retrouve dans aucun des six autres sacrements. En vérité, pour cette raison et pour bien d'autres, il faut reconnaître que, comme l'affirme le titre d'un article dont le retentissement a été grand, le mariage est « *sacrement pas comme les autres* » (3).

Le but de cet exposé est de discerner les fondements et, si possible, la spécificité de la dimension proprement sacramentelle du mariage. Ceci dans une perspective non d'innovation mais de mise au clair, en vue de propositions pédagogiques. Perspective aussi d'élaboration d'une spiritualité conjugale, car la théologie n'est jamais que la mise en forme théorique d'une expérience spirituelle, voire mystique.

I — Le tiers-terme

« Deux est le nombre qui sépare,
trois, le nombre qui dépasse la séparation » (4).

Notre point de départ sera la différence que l'on peut percevoir entre deux sens de la fidélité. Nombre de jeunes couples non-mariés manifestent aujourd'hui un sens certain de la fidélité, dans la tendresse et l'aide mutuelle. Mais cette fidélité très souvent s'affirme d'elle-même comme relative, conditionnelle. On pourrait la dire de type « contractuel » ou « associatif » : fidélité au présent, mais non à un avenir commun (5). « Ne parlons pas de vie commune jusqu'à la mort... Nous ne voulons pas dire que nous allons passer notre vie ensemble, mais c'est peut-être ce que nous allons faire... quand on s'aime, on n'a pas envie d'aller voir ailleurs... » (6).

(2) *Code de Droit Canon*, 1983, Canon 1055 § 1.
(3) L.M. CHAUVET in *La Maison-Dieu*, 1976, n° 127, p. 64.
(4) V. LOSSKY, *Théologie mystique de l'Eglise d'Orient*, reprenant Grégoire de Nazianze, Aubier 1944, p. 46.
(5) cf. sur ce point les analyses de E. FUCHS : *Désir et tendresse*, Labor et Fides 1982, p. 178.
(6) Réponse à l'enquête du *Monde de l'éducation* juin 1986, p. 35.

Il nous semble qu'il existe une différence de nature entre une telle fidélité et une fidélité qui s'affirme comme inconditionnelle, c'est-à-dire qui a l'audace d'un engagement irrévocable. Celui-ci comporte l'exigence d'un arrachement à la logique de l'échange, pour entrer dans celle du don. Il ne s'agit plus de se prêter, mais de se donner. Or, comme disent les enfants : « donner, c'est donner, reprendre, c'est voler ». Plus savamment, selon Eric Fuchs : « le don n'est vrai que s'il est total et sans réserve » (7) ou Denis de Rougemont « seul l'irrévocable est sérieux« (8). Il ne s'agit plus de contrat, mais de mort à une certaine vie pour entrer dans une autre. La logique du donnant-donnant, ou calcul d'intérêt, est sommée de s'effacer devant une autre logique, celle de la gratuité.

Mais cela est-il possible ? Certains en doutent – « si telle est la condition de l'homme et de la femme, *mieux vaut ne pas se marier* ! » (9) répliquaient déjà les premiers disciples aux exigences de Jésus. La question peut se formuler autrement : sur quoi fonder l'audace d'une telle promesse ? D'autres analyses de ce colloque ont montré que celle-ci ne pouvait reposer sur la précarité du sentiment, non plus que sur la seule raison. C'est ici peut-être qu'avec Denis de Rougemont et Jean Lacroix il serait opportun de réhabiliter une notion, le plus souvent délaissée par la pensée actuelle très marquée par le romantisme et le psychologisme, celle de *volonté*. Point de fidélité sans décision et sans la volonté de respecter cette décision. Volonté non suffisante, certes, mais nécessaire. L'amour lui-même est volonté, si l'on retient la classique formule selon laquelle « aimer, c'est vouloir le bien de l'autre ». Chez Jean-de-la-Croix, les termes « amour » et « opération de volonté » sont synonymes. « Etre amoureux n'est pas nécessairement aimer. Etre amoureux est un état, aimer est un acte (...) La seule garantie concevable est dans la force de la décision en vertu de laquelle on s'engage pour toute la vie, advienne que pourra » (10).

Or, ici, la question rebondit : la volonté peut-elle, à son tour, se nourrir d'elle-même ? Comment éviter cette crispation orgueilleuse de la volonté sur elle-même que l'on nomme volontarisme ? Le *vouloir* lui-même, qui est la dimension la plus profonde de la volonté (11), devra trouver un point d'appui, une source, une énergie... Quelle que soit la métaphore, disons qu'il appelle le *troisième terme* évoqué par les psychologues aussi bien que par les philosophes ou les théologiens lorsqu'ils affirment que *toute relation véritable est à trois termes*. Ce troisième terme peut être perçu comme extérieur, sous la forme de l'extériorité de la loi, du droit, de l'institution ou encore de l'enfant. Mais que serait un lien qui ne prendrait appui que sur l'extérieur ? Le troisième terme doit aussi être intérieur : réceptivité fondamentale, en son tréfonds, de l'amour – volonté, vouloir ou désir – à

(7) *op. cit.*, p. 179.
(8) Denis de ROUGEMONT, *L'amour et l'occident*, 1939, 10/18, p. 259.
(9) Matthieu, 19, 10.
(10) Denis de ROUGEMONT, *op. cit.*, p. 255 et 259.
(11) « l'acte élicite » de St Thomas d'Aquin. cf. *Somme théologique*, Ia q. 96, art. 4.

un DON primordial, en lequel cet amour est reçu et non autocréé. On ne « fait » pas l'amour et l'on ne peut donner que ce que l'on a déjà reçu. La théologie appelle « *grâce* » cette source interne qui, en son intime vient susciter, alimenter et renouveler l'amour. Un « vide actif » (12), énergie ou dynamisme toujours neuf, en lequel la foi reconnaît la présence de l'Esprit-Saint. « Pour que le couple tienne sur le plan humain, il faut qu'un dieu soit là » dit Jacques Lacan (13). « *L'homme avisé,* dit l'Evangile, *a bâti sa maison sur le roc. La pluie est tombée, les torrents sont venus, les vents ont soufflé et se sont déchaînés contre cette maison, et elle n'a pas croulé : c'est qu'elle était bâtie sur le roc* » (14).

Ceci nous conduit au seuil de la sacramentalité, à la charnière entre l'exigence éthique et l'appel évangélique. Mais l'affirmation selon laquelle le mariage est un sacrement a un sens plus déterminé. Au cours des siècles, la notion de sacrement a reçu une définition historique, ecclésiale, objective. Du « mystère » présent au cœur de l'amour humain, selon Jean Chrysostome (15) à la proclamation par le Concile de Lyon, en 1274, de l'appartenance du mariage au nombre des « sept sacrements », puis au Concile de Trente et à celui de Vatican II, quel chemin ! Avant de remonter aux sources bibliques, arrêtons-nous sur cette signification « technique » et sur les questions que pose son application au mariage.

II — La structure sacramentelle

Rappelons la définition la plus classique et la plus générale du mot « sacrement » : « geste qui réalise ce qu'il signifie : le don de la grâce ». Le sacrement est donc symbole, mais plus que symbole : en tant qu'acte, il est le lieu d'une donation, ou d'une rencontre. Deux relations le structurent donc : signification *et* participation.

L'enracinement anthropologique d'une telle structure est très profond, et mérite d'être souligné, afin d'éviter toute dérive magique ou idéologique dans l'interprétation du sacrement. Nombreux sont, dans l'existence, les gestes qui réalisent ce qu'ils signifient. Et ce sont les gestes les plus chargés de valeur relationnelle : gestes d'amitié ou de tendresse, de la poignée de mains à la caresse, actes de l'union charnelle, mais aussi cadeaux, repas partagé, etc... Ces gestes sont des signes, ils sont symboliques mais ils ne se réduisent pas à la relation signifiant-signifié : ils sont aussi le lieu et la

(12) R. BERAUDY, *Sacrement de mariage et culture contemporaine,* Desclée, 1985, p. 153.
(13) Cité par J. CLERGET in *Lumière et Vie,* n° 174, p. 11.
(14) Matthieu, 7, 24.
(15) *Homélie 20 sur l'épître aux Ephésiens* in *Le mariage dans l'Eglise ancienne,* Paris, 1969, p. 82-103.

réalisation d'une rencontre, d'un renouvellement de la tendresse, d'une croissance de la relation. Remarquons que les exemples choisis impliquent le corps, et ceci d'une façon plus qu'instrumentale. Il y a un rapport étroit entre sacramentalité et corporéité. Nombre d'analyses du corps vécu, corps-sujet, seraient à convoquer ici (16). « Nos gestes nous créent », disait Marcel Jousse (17).

Quant à l'enracinement théologique de la sacramentalité, tout en venant en continuité avec le précédent, il est, bien sûr, le plus déterminant. Il s'agit de l'Incarnation. La structure sacramentelle est la structure même de l'Incarnation. Car le corps du Christ est à la foi signe et réalisation du Royaume. Par ses gestes et ses paroles, il dit le Royaume, par sa présence, il le rend présent. En ce sens, le tout premier sacrement, l'unique sacrement de la rencontre de Dieu, c'est le Corps du Christ. Or, depuis la mort de Jésus, le signe et la présence de son corps ressuscité, c'est le corps des croyants, l'Eglise. En ce sens peut-on dire que l'Eglise est le sacrement du Christ. Et ce n'est qu'en devenant ecclésial que le mariage devient sacrement. Voilà pourquoi, en dernier ressort, c'est du baptême des conjuguants que provient la sacramentalité du mariage. « Les fiancés, en vertu de leur baptême, sont déjà insérés dans l'Alliance du Christ avec l'Eglise » (18).

Apparaissent ici plusieurs difficultés, qui tiennent à l'originalité de la situation de ce sacrement « pas comme les autres » : la première tient à la relation signifiant-signifié : pour les autres sacrements, la structure est assez simple : le signifiant est repérable en des gestes bien définis, accompagnés de paroles et, pour la plupart d'un élément matériel : pain, vin, eau, huile. Le signifié est la grâce de Dieu, proposée sous l'une de ses modalités : communion au Christ, entrée dans l'Eglise, guérison, etc... Plus complexe, pour le mariage, est la structure : ce que les gestes signifient, c'est d'abord une réalité humaine, intersubjective : l'amour ou ce que le Concile Vatican II appellera « communauté profonde de vie et d'amour » (19). Mais, aux yeux de la foi chrétienne, cet amour, à son tour, devient signe et présence de l'amour de Dieu ou *Agapè*. La structure n'est donc plus binaire, mais ternaire, l'amour humain ayant le statut intermédiaire de signifiant en même temps que signifié. De même que l'institution préexiste au sacrement, cet amour interpersonnel a, en quelque sorte sa propre consistance. Le sacrement vient se greffer sur une réalité humaine, éthique et déjà spirituelle.

---

(16) Notamment M. HENRY, *Philosophie et phénoménologie du corps,* PUF, 1965 (1987). M. MERLEAU-PONTY, E. LEVINAS, M. SERRES, etc...

(17) *Anthropologie du geste,* NRF 1974, p. 358. *La manducation de la parole,* NRF 1975 nous semble indispensable pour comprendre la sacramentalité.

(18) JEAN-PAUL II, *Familiaris Consortio* § 68. Nous laissons ouverte ici la question de la modalité du lien entre baptême et sacrement de mariage. Signalons à ce sujet la thèse de J.B. SEQUEIRA : « *Tout mariage entre baptisés est-il nécessairement sacramentel ?* », Cerf, 1986.

(19) *Gaudium et spes* § 48.

Mais ce qui fait difficulté pour le théologien est aussi richesse. Ce qui complique la formulation des relations entre « droit naturel » et « droit divin » est aussi ce qui donne au sacrement de mariage sa valeur propre et sa densité charnelle, créaturelle, incarnée. Comparons, par exemple avec E. Schillebeeckx, le statut de la consécration des vierges et celui du mariage. Les rituels des premières liturgies, au 5e siècle, étaient assez semblables, comme les réalités célébrées ont de nombreux points communs. De part et d'autre, consécration, nuptialité, mystère d'alliance. Et, pourtant, jamais la consécration des vierges ne fut reconnue comme sacrement. Pourquoi cela ? « la vie virginale imite directement, en dépassant le symbole, ce que le mariage veut représenter symboliquement, à savoir l'amour conjugal du Christ et de l'Eglise (...). C'est justement parce que la virginité vit directement ce mystère qu'elle ne constitue pas un sacrement ; le mariage, lui, vit cette relation *dans un comportement terrestre et humain* qui est de la sorte le symbole (sacramentum) de cette relation surnaturelle » (20). Dans la perspective sacramentelle la médiation terrestre est plus un atout qu'une carence.

Une seconde difficulté tient à la nature même du geste dont il est question, c'est-à-dire à la « matière » du sacrement. Quel sera l'acte susceptible de signifier et de réaliser le lien et son mystère ? Diverses traditions préexistaient à l'Eglise, retenant, selon les cultures, l'échange des consentements, l'union charnelle, la cohabitation, la signature d'un contrat ou le rite liturgique (couronnement, bénédiction...). L'exposé du père Jacques Vernay montrera pourquoi, et avec quels compléments, l'Eglise romaine a choisi de privilégier l'échange des consentements. Mais ce choix ne doit pas être exclusif, sous peine de verser dans un juridisme qui occulterait la durée, le charnel et le quotidien. L'on sait que l'Eglise a toujours accordé de l'importance à la consommation charnelle, se distinguant sur ce point, par exemple des législateurs de la Révolution Française ou du Code Civil (pour lesquels le consentement suffit à l'indissolubilité effective). Cette intuition peut être approfondie en prenant acte du fait que la « consommation charnelle » ne se confine pas à l'unique « nuit de noces » mais est intégrée à toute la durée de la communauté de vie... (21). Progressivement aussi se réalise le consentement, dans un « consentement existentiel qui embrasse la totalité de l'existence du couple » (22). Le terme « mariage » ne désigne pas seulement l'entrée dans un état de vie ; il désigne cet état de vie lui-même. Une compréhension dynamique du mariage et du sacrement sera ouverte par cette prise en compte de la durée. C'est pourquoi, dans la quatrième partie, nous reviendrons sur cette idée que *c'est tout le mariage qui est sacrement.* Mais pour nourrir une « spiritualité du mariage » il faut d'abord revenir aux textes de l'Ecriture.

---

(20) E. SCHILLEBEECKS *Le mariage, réalité terrestre et mystère du salut,* Cerf, 1966, p. 272.
(21) cf. R. GRIMM *L'institution du mariage,* Cerf, 1984, p. 227-231.
(22) *ibid.*, p. 226.

III — Sources scripturaires

Pour dire la dimension sacramentelle du mariage, discours ou sermons ecclésiastiques se réfèrent presque exclusivement au fameux chapitre 5 de l'épître aux Ephésiens : « ce mystère est de grande portée, je veux dire qu'il s'applique au Christ et à l'Eglise » (v. 32). Le mariage, signe de l'Alliance, symbole de l'union du Christ et de l'Eglise... Le registre symbolique est fortement privilégié, et c'est en tant que représentant une autre Alliance que l'alliance conjugale devient sacrement. Le laïc marié vous avouera ici une perplexité déjà ancienne, qu'il sait partagée par nombre de ses pairs. Pédagogiquement d'abord, un discours pastoral, homilétique ou catéchétique est-il très éclairant lorsqu'il propose de comprendre une réalité déjà difficile à saisir par une autre encore plus difficile, l'obscur par le plus obscur ? Existentiellement ensuite, une certaine déception affleure lorsque le couple entend la densité concrète de l'existence conjugale réelle référée à « cette carence qu'est le symbole » (23). Signe pour les autres, peut-être, mais pour lui-même ? Historiquement, enfin, rappelons que ce n'est pas ce texte qui a joué le rôle le plus déterminant dans l'élaboration de la théologie du mariage : il ne prit une place centrale qu'au Concile de Trente et, ceci en comprenant le terme « sacramentum », traduction du grec « *musterion* », dans une acception qui n'est pas celle de l'épître. Ajoutons que la conscience moderne pense beaucoup moins par archétypes et que la référence à un modèle même éternel, est loin de suffire (24).

Loin de viser à contester l'autorité et la profondeur de ce texte, que nous retrouverons à la fin du parcours, ces remarques invitent, précisément, à une lecture patiente. La critique porte sur la référence première, directe (et répétitive) à un texte qui, en réalité, sous la plume même de Paul, est l'aboutissement d'un long itinéraire. En théologie, et plus encore en pastorale, les raccourcis sont dangereux.

Les références des premiers auteurs chrétiens surprennent par leur simplicité. C'est ainsi qu'au début du IIIe siècle, Tertullien et Clément d'Alexandrie s'appuient sur Matthieu 18,20 : « que deux ou trois soient réunis en mon Nom, je suis là, au milieu d'eux ». « *Qui sont,* demande Clément, *les deux ou trois rassemblés au nom du Christ, au milieu desquels se tient le Seigneur ? N'est-ce pas l'homme, la femme et l'enfant, puisque l'homme et la femme sont unis par Dieu* ? » (25). Et Tertullien de dresser un vibrant portrait du couple chrétien : « *Entre eux deux, psaumes et hymnes retentissent (...) ; le Christ se réjouit à cette vue et à ce concert. Il leur envoie*

---

(23) SAINT JOHN PERSE, *Oiseaux,* N.R.F., Poésie, p. 234.
(24) Sur les ambiguïtés d'une référence symbolique, cf, M. LEGRAIN, *Les divorcés remariés,* Centurion, 1986, p. 33.
(25) *Stromates* III, ch. X. 68 (traduction Quasten).

sa paix. Là où deux sont réunis, il est présent lui aussi. Là où il est présent, le Mauvais n'a point sa place » (26). Encadrée par la « prière en commun » et par « le pardon des offenses », auquel fait immédiatement suite le logion sur l'indissolubilité du mariage, la parole évangélique se situe en effet dans un contexte qui, tout entier, peut être rapporté au mariage.

Quant à Cyrille d'Alexandrie, c'est sur un texte explicitement nuptial qu'il s'appuie, avant bien d'autres : *Les Noces de Cana* (27). La simple présence de Jésus à une fête de mariage, la portée allégorique du vin nouveau suppléant à l'épuisement des ressources humaines pour se révéler comme le meilleur, le sens messianique des Noces : autant de significations susceptibles de nourrir une théologie du mariage. Ces Noces révèlent Jésus – dont Epoux est l'un des principaux titres – comme celui-ci leur donne une portée nouvelle, eschatologique.

Déterminant fut, bien sûr, le fameux logion de *Matthieu 19*, sur l'interdit de la répudiation. Déterminant à tel point qu'au dire de Schillebeeckx, c'est, historiquement, l'exigence d'indissolubilité contenue dans ce logion, qui a entraîné l'affirmation de la sacramentalité, et non pas l'inverse (28).

Jésus y affirme une exigence dont la radicalité va plus loin que celle de l'éthique (29) et de la Torah elle-même. « Nous nous trouvons ici devant une donnée unique en son genre, n'appartenant qu'à la révélation chrétienne, une donnée dont le caractère absolu et catégorique n'a pas de fondement naturel (...). Cette manière de voir sera la preuve la plus évidente de la sacramentalité du mariage, elle fera comprendre comment une réalité terrestre peut devenir de *l'intérieur* une réalité religieuse, une chose que nous ne rencontrons que dans les sacrements de l'Eglise » (30). Exigence étonnante, à tel point qu'en réponse à la réaction déjà citée des disciples, Jésus poursuivra : « tous ne comprennent pas ce langage, mais ceux-là seulement à qui c'est donné » (v. 11). C'est la radicalité de « ce langage » qui suggèrera à l'Eglise, au XIIe siècle notamment, qu'il y a là un mystère, un sacrement. Le lien est sacramentel parce qu'irrévocable, avant d'être irrévocable parce que sacramentel. C'est en se donnant comme unique et total que le lien conjugal acquiert la dimension sacramentelle de signe et participation à l'Agapè divine.

La perception en ce sens des liens entre sacramentalité et indissolubilité peut aider à dépasser une conception magique du sacrement ou une conception chosiste de l'indissolubilité. Celle-ci n'est pas un lien matériel impossible à rompre, mais une exigence de don total : « Si Jésus enseigne fermement que le mariage ne *doit* pas être rompu, il ne dit pas qu'il ne *peut* pas l'être »

(26) *Ad Uxorem,* VIII 9 (S.C. n° 273, p. 150).
(27) *Commentaire de l'Evangile de Jean,* II, 2, P.G. 73-228.
(28) E. SCHILLEBEECKX, *op. cit.,* p. 289.
(29) Saint Thomas d'Aquin distingue l'indissolubilité requise par l'éthique (relative) et l'indissolubilité sacramentelle (absolue) IVS, d. 39, q. 1, a. 5, ad. 1.
(30) E. SCHILLEBEECKX, *op. cit.,* p. 204.

(31). Aussi peut-on préférer d'autres termes à celui d'« indissoluble » : *irrévocable, unique*, ou parler, avec Michel Legrain par exemple de « *vocation à la fidélité totale* » (32) ou encore de mariage, « *sacrement de l'unicité d'un amour unique* » (33). Ce n'est que dans le contexte de l'appel à la sainteté que prend sens la sacramentalité. Voilà pourquoi, en dernier ressort, c'est au baptême chrétien que, selon Paul, se rattachera l'exigence d'indissolubilité (34).

Mais, avant de répondre à la question des pharisiens, Jésus a opéré une vertigineuse remontée de celle-ci à la volonté du créateur : « *N'avez-vous pas lu que le Créateur, dès l'origine...* » Suivent, mis bout à bout, les versets de Genèse 1.27 et 2.24. Ce rattachement à une théologie de la création est fondamental pour la sacramentalité du mariage. A cela tient l'originalité du mariage, les autres sacrements se référant d'abord et surtout à la théologie du Salut. Mais encore s'agit-il de bien comprendre cette référence. Elle ne signifie pas une institution historiquement divine du mariage, thème sur lequel s'opposent depuis des lustres fondamentalistes et culturalistes en un stérile débat. Deux écueils sont à éviter ici : le premier serait la confusion entre le créationnel et l'anthropologique : percevoir le mariage comme institution sociale, culturelle ou juridique, ce n'est pas encore le percevoir dans l'axe de la création. Celui-ci désigne « l'homme tel qu'il est sorti des mains du créateur », l'homme tel que Dieu le voit, l'homme et la femme dans le projet de Dieu. Aucune institution, non plus qu'aucun couple, n'est parfaitement adéquat(e) ou docile à l'action créatrice du Père. La Création n'a pas eu lieu dans le passé, elle a lieu dans le présent et elle ouvre sur un Avenir, car elle est jaillissement de la Nouveauté. D'où l'invite à éviter un second écueil : ces textes ne sont pas archéologiques, récits d'un lointain passé (combien de milliers d'années ?) . Ils sont littéralement prophétiques. Bien avant que la monogamie ne soit pratiquée en Israël, mais aussi bien avant que nous-mêmes ne réalisions ce qu'elle signifie, jaillit cette parole : « Les deux ne feront qu'une seule chair ». Il ne s'agit pas, comme on le lit trop souvent, d'un archétype. La pensée chrétienne n'est pas archétypale. Jésus, dont la parole se coule ici dans la Torah, ouvre un a-venir – mieux qu'un futur – au couple. Parlons plutôt, avec Pierre Grelot, de *téléotype* (35).

« *Elohim créa l'Adam à son image, à l'image d'Elohim il LE créa, mâle et femelle il LES créa* » (Gn 1.27). La perception de l'image de Dieu non

(31) Mgr L'HUILLIER in *Divorce et indissolubilité du mariage*, Cerf, 1971, p. 122.
(32) M. LEGRAIN, *op. cit.*, p. 132.
(33) *ibid.* p. 179.
(34) « Aussi croirions-nous que le fondement biblique le plus solide de la sacramentalité du mariage se trouve dans l'épître aux Corinthiens (7, 15), là où Saint Paul affirme l'auto-dissolution de l'union avec un infidèle lorsque celui-ci refuse de poursuivre la vie commune avec un croyant », SCHILLEBEECKS, *op. cit.*, p. 163.
(35) de *Telos*, fin ; cf P. GRELOT, *Le couple humain dans l'Ecriture*, Cerf, 1969, Foi vivante, p. 50.

dans l'individu seul mais dans le couple humain nous paraît être le ressort le plus profond d'une théologie du mariage (avant l'idée de symbole de l'Alliance...). Aux sources de la sacramentalité, ce reflet vivant de la vie divine au cœur de l'unité de l'homme et de la femme. « L'homme sans la femme diminue dans le monde l'image de Dieu » ose affirmer le Talmud (36). A quoi fait écho la belle formule d'Olivier Clément : « Au Dieu-Trinité correspond l'homme-communion » (37).

Quant à la lecture de Genèse 2.24 : « *L'homme quittera son père et sa mère et tous deux ne feront qu'une seule chair* », elle peut se faire selon deux exégèses : la première et la plus traditionnelle, que R. Béraudy qualifie d'obvie (38), est d'y voir la définition du mariage monogame. C'est la lecture juive, celle de l'Ancien Testament, celle de Jésus. Mais une seconde exégèse a été ouverte par un rabbin novateur, un certain Paul de Tarse qui, dans l'affirmation « les deux ne feront qu'une seule chair » lit aussi l'expression de l'union du Christ et de l'Eglise. Voici donc à nouveau, sur notre chemin, le fameux texte d'Ephésiens 5 ! Mais, si nous lisons de près le verset 32, le mot « mystère », qui sera traduit en latin par « sacramentum », ne s'applique pas directement au mariage : il fait suite à la citation du Gn 2.24 qui le précède immédiatement, la même que nous avons trouvée sur les lèvres de Jésus. Or c'est à un ordre divin que se rapporte ce verset : « voici donc que l'homme... ». La phrase contient trois verbes au futur ayant sens d'impératif. Se retrouve ici le sens premier du terme hébreu dont « musterion » est la traduction grecque : SOD, décision cachée de Dieu. Dans cette logique du « quitter-s'attacher-ne faire qu'un », Paul perçoit le ressort profond de la relation du Christ et de l'Eglise. « Vraiment, il y a là un grand mystère, s'exclame Jean Chrysostome, quelque chose de secret qui renferme une grande sagesse. Cette réalité, Moïse* l'a montrée autrefois en prophétisant, et maintenant Paul l'a proclamée en disant : 'du Christ et de l'Eglise' » (39).

Il ne s'agit pas seulement de symbole ou d'archétype. Ou, si l'on veut maintenir la relation de symbolisation, disons qu'ici, entre signifiant et signifié, comme pour la « métaphore vive » de Paul Ricœur, il existe au moins une structure commune, une homologie, une analogie assez grande pour que l'une exprime *réellement* l'autre. « Le Dieu de la révélation ne choisit pas, pour se manifester à l'homme, la médiation d'un contenu de pensée ou d'expérience purement naturel, mais bien une réalité qui, dans sa structure intrinsèque, est déjà en contact avec le Dieu du salut qui a créé l'humanité comme couple. La communauté conjugale, don de la création reçu du Dieu de l'Alliance, est l'avant-projet de ce que sera la grâce, l'Alliance de Dieu avec les hommes » (40). « Contact », « avant-

(36) cité par Emmanuel LEVINAS in *Difficile liberté*, Albin-Michel, 1963 (1976), p. 55.
(37) O. CLEMENT « *L'Eglise, espace de l'Esprit* », revue orthodoxe *Contacts*, n° 97, p. 44.
(38) *op. cit.*, p. 113.
(39) Jean CHRYSOSTOME, *op. cit.*, (P.G. 63, 150). * Moïse était tenu pour l'auteur de la Genèse.
(40) E. SCHILLEBEECKX, *op. cit.*, p. 86.

projet » : il s'agit de plus que d'une analogie. Disons, en termes linguistiques, que signifiant et signifié renvoient à un référend, c'est-à-dire à un troisième terme qui est le *réel*, lequel ne peut que s'indiquer, à la fois présent et en retrait, réalité ici de l'Agapè, amour divin à l'œuvre dans le mariage comme il est à l'œuvre dans l'Alliance. Agapè attesté, dans le texte de Paul, selon deux modalités concomittantes : « que chacun aime sa femme comme soi-même » (au v. 33) et « le Christ a aimé l'Eglise et s'est livré pour elle » (au v. 35). En termes symboliques, retenons donc le schéma à trois termes suivant : signifiant : *le mariage*, signifié : *l'Alliance,* référend : *l'Agapè.*

Ainsi comprise, l'expression « le mariage, sacrement de l'Alliance » offre l'intérêt d'éclairer la relation entre le mariage et l'eucharistie, thème cher aux orthodoxes et, effectivement, d'un grand prix. L'eucharistie elle aussi est sacrement de l'Alliance, par d'autres moyens. Dans l'eucharistie, l'Alliance se dit et se donne par le pain et le vin, comme, dans le mariage, elle se dit et se donne par le corps et la parole des conjoints. Ce sont deux formes d'un même mystère. Car « l'eucharistie est le lieu où tout chrétien comprend ce qu'il est réellement » (41). Au cœur de l'Alliance comme de l'eucharistie, comme du mariage, se vit une réalité absolue, fondamentale et fondatrice : le mystère du Don total, du *corps livré.* « Il n'est pas de plus grand amour que de donner sa vie pour ceux qu'on aime » (42).

Ce don total est réellement un mystère, c'est-à-dire qu'il est l'objet d'un acte de foi. Humainement, beaucoup, parmi les psychologues par exemple, doutent qu'il puisse réellement avoir lieu. Ainsi donc le mariage est-il à la fois révélateur et révélé, au point qu'avec Schillebeeckx l'on peut parler de « *double élucidation réciproque* » (43) : le mariage révèle la réalité et la dimension humaine de l'Alliance comme il est lui-même révélé, dans sa vocation profonde, par l'histoire de l'Alliance. La référence à cette dernière introduira dans la pensée un sain réalisme et mettra en garde contre les illusions ou surcharges idéologiques, rendant attentif aux inadéquations du signifiant et du signifié. De même que l'histoire concrète du peuple de l'Alliance est loin de correspondre à l'idéal de sa vocation, de même l'histoire concrète du couple est-elle loin d'être parfaitement signifiante du mystère de l'Agapè ! Comme le rappelle Michel Legrain : « le mariage est moins signe d'une fidélité accomplie que du salut offert par Dieu à un peuple difficilement fidèle » (44). C'est du côté de Dieu que vient la fidélité la plus sûre. La même racine AMAN en hébreu signifie solidité, fidélité et vérité. C'est pourquoi l'on peut dire avec André Barral-Baron : « *Le mariage est le sacrement de la fidélité de Dieu et à Dieu* » (45).

---

(41) Jean MEYENDORF, *Le mariage dans la perspective orthodoxe*, Ymca-Press, 1975, p. 8.
(42) Jean, 15.13.
(43) *op. cit.*, p. 58.
(44) *op. cit.*, p. 69.
(45) A. BARRAL-BARON, *Les enjeux du mariage*, Cerf, dossiers libres, 1977, p. 112.

IV — Le sacrement au quotidien

Sacramentalité d'une histoire, histoire d'une incarnation. Le mystère du mariage est, au fond, celui de la durée. Si, comme nous l'avons vu en II, la structure sacramentelle est structure d'incarnation, l'histoire du mariage est celle de l'incarnation de l'Agapè à travers le quotidien. La compréhension de la sacramentalité du mariage ne peut sortir de l'abstraction théorique que par l'orientation de l'éclairage théologique sur les actes constitutifs de la vie concrète du couple. En d'autres termes, le lieu du sacrement n'est pas seulement celui de la cérémonie – image de deux conjugants sur le prie-Dieu dans le chœur de l'Eglise –, mais il est aussi et même surtout, selon le beau titre d'un recueil de Paul Eluard, « *le lit, la table* » (46). Sacramentels sont les repas pris en commun, l'étreinte charnelle, l'accueil des hôtes, l'éducation des enfants, les attentions mutuelles, les crises et les pardons. Proposons, de façon allusive, quatre directions de recherche dans ce sens.

1 – Sacramentalité du corps

Nous avons reconnu dans les gestes de tendresse une structure anthropologique commune avec le sacrement. Quelle portée théologique ne recevra pas cette constatation lorsque le corps sera révélé comme « Temple du Saint-Esprit » (47) ! Dans la pensée de Paul, le mot « Temple » (naos) que l'on pourrait traduire par « sanctuaire » ou « tabernacle » désigne ici le « Saint des Saints », lieu de la Shekinah, présence réelle de Dieu. Pour le philosophe juif Emmanuel Levinas, c'est « sous les espèces » du corps de l'autre que je rencontre Dieu. Le christianisme reprend cette intuition en lui donnant de nouvelles dimensions. C'est ainsi que Jean-Paul II ose parler du corps comme « sacrement primordial » : « Le corps révèle l'homme, exprime la personne, et il est ainsi le premier message de Dieu à l'homme lui-même, comme une sorte de sacrement primordial, compris comme signe qui transmet efficacement dans le monde visible le mystère invisible caché en Dieu » (48). La conjugalité introduit à un nouveau vécu corporel, que *Familiaris Consortio* nomme « signification nuptiale du corps » (49). *Ne faire qu'une seule chair* n'est pas se perdre dans l'unité indifférenciée d'un tout, mais accéder à une harmonie dans la différence où chacun des corps découvre et déploie toutes ses virtualités.

---

(46) N.R.F., 1944.
(47) Première épître aux Corinthiens, 6, 19.
(48) Audience du 20 février 1980.
(49) § 37.

2 – Se marier, c'est entrer dans la logique Pascale.

Souffrances et joies du mariage proviennent d'une même vérité : se marier, c'est mourir et renaître. Non en une seule fois, mais à travers la durée. Mourir à une certaine vie, individuelle, ancienne, connue, pour naître progressivement à une autre vie, commune, nouvelle, inconnue. Marié depuis 14 ans, je puis dire que, si j'étais resté célibataire ou si j'avais épousé une autre femme, sous la même identité civile, je ne serais pas le même, c'est-à-dire que mon identité spirituelle, psychique et sans doute corporelle ne serait pas tout à fait la même. A travers une « mort au quotidien », à ses habitudes, attachements ou égoïsmes devenus « seconde nature » se fait jour une vie supérieure parce que née de la dépossession de soi qui est libération et de l'ouverture à la seule aventure digne de ce nom, qui est l'accueil de l'altérité. Aux yeux de la foi cette dynamique est comprise comme participation à la dynamique inaugurée par le Christ, vécue donc comme Pâque, c'est-à-dire passage vers la plus haute vie.

3 – Sacrement et guérison.

La grâce sacramentelle est aussi grâce de guérison. Il serait illusoire de parler de conjugalité, sexualité, affectivité comme si nous n'étions pas profondément blessés, troublés et prisonniers non seulement de la finitude mais du péché. Le mariage est aussi la confrontation quotidienne de deux volontés de puissance, le lieu où se mettent à nu non seulement les fragilités mais aussi l'orgueil, l'amour propre, la violence même. Comme l'écrit Olivier de Dinechin (50), il faut « sauver le mariage ». La grâce du sacrement n'a rien de magique. Elle est accueil de l'Esprit Saint qui, suscitant et renouvelant de l'intérieur les libertés, les fait entrer dans un dynamisme de pardon, miséricorde, guérison des blessures, purification, renouveau, espérance. Beaucoup de crises conjugales conduisent à l'échec par manque d'*espérance*. L'espérance est le ressort du pardon. Or il n'est pas de vie conjugale possible sans pardon. Du don au pardon, tel est l'accomplissement de l'amour. « Combien de fois devrai-je pardonner ? Irai-je jusqu'à sept fois ? » (51). Nombre de drames et d'impasses proviennent de ce que l'un des conjoints a fixé une borne à sa capacité de pardonner : « Maintenant c'est fini, je ne lui pardonne plus ! ». Et Jésus répond : « je ne te dis pas jusqu'à sept fois, mais jusqu'à soixante dix sept fois sept fois ». Cette exigence de pardon – comme de don – sans limitation est le point le plus original de l'existence chrétienne. Voie difficile, voire impossible selon certains... Une grande vérité de parole et de force intérieure est, par exemple

---

(50) *Appeler au mariage*, Cahiers de l'actualité religieuse et sociale, Supplément au n° 335, p. 18.
(51) Matthieu 18,21. Ce fragment se situe entre les autres textes de Matthieu cités plus haut.

nécessaire pour qu'une telle attitude se distingue du refoulement ou de la rancœur : « le commandement de l'amour du prochain est indissociable du devoir de faire reproche à l'autre du mal qu'il nous a fait. Sinon le mal retomberait sur nous-mêmes » (52). Comment cela est-il possible ? Il y faut la grâce...

4 – Sacrement et ministère.

Nous avons dit que se marier sacramentellement, c'est se marier ecclésialement. Or, voici que, si le mariage devient sacramentel par son incorporation à un corps plus vaste que celui des conjoints, lui-même donne naissance à une nouvelle cellule d'Eglise, le foyer, aussi appelé « *Eglise domestique* » (53). Dans cette perspective, le sacrement est *consécration* à une tâche ecclésiale spécifique, que le Synode de 1980 n'hésite pas à qualifier de « ministère authentique ». « Ministère d'éducation et d'évangélisation propre à l'Eglise domestique » (54). Des voies s'ouvrent ici pour une théologie du laïcat et des ministères. Education et évangélisation supposent l'intégration de la cellule familiale et sa vocation à rayonner dans une famille plus vaste, le corps ecclésial.

Du corps des époux au corps du Christ, du corps familial au corps ecclésial, telle est la dynamique sacramentelle. La sacramentalité du mariage est donc plus qu'une détermination de celui-ci, une « dignité », une garantie ou un sceau... Elle est essentiellement appel en même temps que Don, exigence en même temps qu'ouverture. Ouverture née de la reconnaissance que le mariage n'a pas sa vérité en lui-même, exigence qui va plus loin que l'exigence morale, puisqu'elle est appel à la sainteté. Mais peut-il y avoir de vie conjugale pleinement heureuse et féconde sans sainteté ?

Xavier LACROIX

---

(52) Marie BALMARY, *Le sacrifice interdit*, Grasset, 1986, Recension de J. THOMAS in *Etudes*, 1-87, p. 123.
(53) De *domus*, maison. On trouve cette appellation dans la tradition orthodoxe ; par exemple, chez Paul EVDOKIMOV *La Nouveauté de l'Esprit*, Spiritualité orientale, n° 20, p. 218 et dans les textes de JEAN-PAUL II : *Familiaris Consortio* § 49, reprise du Concile Vatican II : *Lumen gentium* § 49.
(54) *Familiaris Consortio*, § 53.

LE MARIAGE EN DROIT CANONIQUE

On m'a prié de vous parler du mariage en droit canonique, autrement dit du mariage selon le droit de l'Eglise. Que veut dire ce terme de « canon » ? Il ne s'agit pas du canon d'artillerie, ni du canon de... beaujolais ! Le terme vient d'un mot grec qui signifie règle. Il n'y a pas si longtemps, on parlait du canon de la messe (on préfère aujourd'hui l'expression « prière eucharistique »), c'est-à-dire la règle invariable, le formulaire fixe, suivi pour l'accomplissement du rite eucharistique. De même, être canonisé, c'est être inscrit au canon, à la liste officielle des saints. Ce qui dans un code étatique (code civil, code pénal, etc.) s'appelle article, dans le code de l'Eglise s'appelle canon. Depuis 1983, un nouveau code a remplacé un code antérieur, qui remontait à 1917. Ce dernier comprenait 2414 canons ; le nouveau n'en a que 1752.

Comment se fait-il que l'Eglise, communauté spirituelle, ait un droit ? Une réponse nous est donnée par la Constitution conciliaire *Lumen gentium* : « Le Christ, unique médiateur, crée et continuellement soutient sur la terre, comme un tout visible, son Eglise sainte, communauté de foi, d'espérance et de charité par laquelle il répand, à l'intention de tous, la vérité et la grâce. Cette société organisée hiérarchiquement d'une part et le Corps mystique d'autre part, l'assemblée discernable aux yeux et la communauté spirituelle, l'Eglise terrestre et l'Eglise enrichie des biens célestes ne doivent pas être considérées comme deux choses, elles constituent au contraire une seule réalité, faite d'un double élément humain et divin » (LG, n. 8). L'Eglise a donc un aspect de société visible ; or, partout où il y a société, il y a nécessairement droit. Droit pour organiser les rapports sociaux, fixer les obligations et les droits de chacun, dire qui doit faire quoi. A l'époque de la Révolution française, Mgr Savine, évêque de Viviers, (il avait l'esprit quelque peu dérangé !), avait convoqué tous les prêtres de son diocèse à se faire consacrer évêques (deux seulement répondirent à cette étrange invitation). Mais que serait une Eglise où tous les prêtres seraient évêques et, pourquoi pas, tous les laïques prêtres (prêtres au sens ministériel du terme) ?

Si, dans l'Eglise, on privilégie son aspect de Société visible, son droit ressemblera en fait à un droit étatique. Beaucoup alors le récuseront, mais pas toujours avec réalisme. Cependant de nos jours, les nombreuses communautés qui surgissent dans l'Eglise s'aperçoivent qu'elles ont besoin d'un droit, pour ne pas sombrer dans l'anarchie. Tout droit reflète une philosophie. Le droit canonique, lui, traduit une ecclésiologie, c'est-à-dire une théologie de l'Eglise. Le code de 1917 reflétait une ecclésiologie de Société parfaite. Cela ne veut certes pas dire que l'Eglise est parfaite en ses membres, mais qu'elle est complète et indépendante en soi, qu'elle possède tous les moyens pour atteindre la fin qu'elle se propose. Sans abandonner complètement cette visée, le code de 1983 est davantage un droit de communion, hérité de Vatican II.

– Communion des Eglises : « Les Eglises particulières (les diocèses) *dans lesquelles et à partir desquelles existe l'Eglise catholique une et unique...* » lisons-nous dans le canon 368.

– Communion des fidèles : les fidèles du Christ ne sont pas seulement les laïques, mais tous les baptisés (1).

– Communion des ministères : le code parle de communion hiérarchique, insiste sur la collaboration nécessaire en vue des ministères, lie réciproquement les évêques et les prêtres, etc.

Je ne développe pas davantage ce problème du droit dans l'Eglise, parce que ce n'est pas l'objet direct de mon propos, qui concerne le mariage. Le sujet est suffisamment vaste par lui-même et, à la fin d'un de ses ouvrages, saint Augustin écrivait : « Bien que j'ai examiné et discuté, autant que mes lumières me l'ont permis, la question du mariage, je suis loin d'ignorer qu'elle est fort obscure et fort compliquée. Je n'ose pas me flatter d'en avoir résolu, à ce jour, toutes les difficultés, ni dans cet ouvrage ni dans un autre, et je crains de ne pouvoir jamais les expliquer, quelque instance qu'on me fasse à cet égard » (*De conjugiis adulterinis*).

Comme je n'ai ni le génie ni la sainteté de saint Augustin, vous comprendrez que mon propos restera limité...

Dans le code de 1983, 111 canons sont consacrés au mariage (il y en avait vingt de plus dans l'ancien code). Le mariage est le sacrement qui tient le plus de place, parce que le plus mêlé d'humain. Le baptême, l'eucharistie nous sont révélés par l'évangile ; le mariage existait bien avant, et la bible le situe au paradis terrestre. On l'a dit et je le redis : le mariage n'est pas un sacrement comme les autres. Pourquoi, toutefois, ce luxe de prescriptions juridiques pour un état de vie qui s'origine – du moins en Occident – à un sentiment éminemment personnel ? Que vient faire le droit dans l'amour ? Ne vaut-il pas mieux entendre Carmen chanter sur la place de Séville : « L'amour est enfant de Bohême, il n'a jamais, jamais connu de lois ? ». En vérité, il y a dans l'histoire de l'humanité, chez les hommes et les femmes, non seulement le besoin de vivre en couple (la solitude est intolérable à beaucoup), non seulement le besoin de se reproduire biologiquement (il y a quand même davantage de couples qui ont des enfants que

(1) c. 204 § 1 : « Les fidèles du Christ sont ceux qui, en tant qu'incorporés au Christ, par le baptême, sont constitués en peuple de Dieu et qui, pour cette raison, faits participants à leur manière à la fonction sacerdotale, prophétique et royale du Christ, sont appelés à exercer, chacun selon sa condition propre, la mission que Dieu a confiée à l'Eglise pour qu'elle l'accomplisse dans le monde ».

de couples qui refusent d'en avoir), mais il y a aussi le désir capital d'une reconnaissance sociale qui touche à la fois ce couple et son éventuelle progéniture. Il suffit pour s'en convaincre de voir la situation de tant de couples qui souffrent de la non-reconnaissance sociale, même si, à notre époque, on rejette volontiers tout ce qui est institutionnel. Il y a trois ou quatre ans, je demandai à une jeune femme quelle était sa situation civile. Elle me répondit : « Je suis divorcée » et elle éclata en sanglots. Je lui dis : « Pourquoi pleurez-vous ? » Elle me répondit : « Je suis excommuniée » et c'est une non baptisée qui me parlait !

Mais ceux qui pratiquent la « cohabitation juvénile » ne se moquent-ils pas de la reconnaissance sociale ? Moins que nous pourrions le croire, et voici ce qu'écrit à ce sujet le pasteur Robert Grimm : « ... nous vivons toujours, que nous le voulions ou non, en interrelation, solidaires de communautés multiples. C'est pourquoi les lois et les institutions sont corrélatives de la liberté. Elles constituent même la condition nécessaire de sa créativité et de sa signification. Car la liberté s'affirme et prend sens face à l'obstacle et à la limite. Elle est circonscrite par la liberté des autres. C'est pourquoi le droit a réagi immédiatement au phénomène des couples informels, faisant progressivement de la cohabitation amoureuse une institution ! Preuve en est également que le couple non légalisé prend encore et toujours le mariage institutionnel comme modèle, même s'il est vécu avec une sensiblité éthique différente (priorité accordée au couple, engagements moraux, même crainte ou chantage face à une rupture possible, même souffrance qu'un divorce légal lorsque la cohabitation ne peut plus durer, mêmes difficultés pour des enfants éventuels, etc.)... Tout en récusant l'image traditionnelle du mariage, le couple contemporain ne peut faire l'économie de ce donné fondamental que nous appelons institutionnalité ou, d'une autre manière, vie sociale, solidaire, responsable » (*L'institution du mariage*, Paris, 1984, p. 218).

Tout mariage, pour revenir à lui, est un état socialement reconnu (que ce soit de façon coutumière, civile ou ecclésiale), donc défini et contrôlé. « Ce qui est contrôlé par le mariage, c'est moins la sexualité et la génitalité qui peuvent s'exercer hors mariage, que la coopération familiale et sociale en vue des enfants ; et même si la procréation peut se faire hors mariage, l'éducation et la socialisation des enfants requièrent habituellement le mariage des parents... L'ensemble des règles et des comportements socialement reçus en ce qui concerne l'entrée en mariage et la maintenance en cet état de vie, forme que l'on appelle l'institution matrimoniale, cet agencement où l'intelligence et la sagesse humaine sont intervenues afin de régler le plus harmonieusement possible le déroulement sociale de la vie sexuelle et familiale. Les usages matrimoniaux sont souvent très précis, parfois très compliqués, même chez les peuples les plus primitifs ; l'on a repéré d'énormes différences entre les coutumes matrimoniales, mais la sagacité des ethnologues n'a jamais découvert un seul peuple sans organisation matrimoniale » (M. LEGRAIN, *Questions autour du mariage. Per-*

manences et mutations, Paris, 1983, p. 117). Je le dis en passant : je suis allé en Turquie l'été dernier et notre guide nous a raconté comment se passaient les mariages dans les campagnes turques. Lorsqu'un garçon veut se marier, il ne l'exprime jamais par des paroles à ses parents, mais il plonge sa cuillère dans le riz. Si le père fait semblant de ne pas comprendre, son fils prend sa chaussure (celle du père) et la cloue à la porte. Une fois l'accord donné, on va chez celle que le garçon désire, mais là, nouveau rite : si la fille est d'accord, elle fait un bon café au garçon, sinon, elle met du sel dans le café qu'elle lui sert.

Je reviens à mon sujet : le mariage en droit canonique. « L'Eglise naissante, lorsqu'elle a réfléchi sur la manière dont ses fidèles étaient appelés à vivre leur mariage, ne s'est pas trouvée devant un vide institutionnel. Elle s'est vue confrontée avec des expressions juridiques et cérémonielles aussi diverses que les peuples rencontrés par la prédication évangélique » (M. LEGRAIN, ibid., p. 118). Par ailleurs il n'est nullement question pour l'Eglise de cette compétence exclusive qu'elle aura par la suite et conservera durant des siècles. Ce matin, Xavier Lacroix vous citait une phrase de l'épître à Diognète, un personnage inconnu du 2e siècle, à qui son correspondant, non moins inconnu, parlait des chrétiens. A propos du mariage de ceux-ci, l'auteur de la lettre écrit : « Ils se marient comme tout le monde ». Mais comment se mariait-on ?

Je ne puis entrer dans le détail de toutes les situations, mais voici quelques éléments.

Les chrétiens ont rencontré le mariage juif, qui se faisait en deux temps. Dans la première étape, le mari faisait acquisition de la femme par la remise d'une pièce d'argent ou d'un anneau, la rédaction d'un contrat de mariage. Dès la conclusion de cette étape, la jeune fille est considérée comme la véritable épouse, même si la vie commune n'intervient que plus tard, et donc adultère si elle est infidèle. La Vierge Marie était ainsi mariée et pas seulement fiancée, comme on le traduit souvent de façon édulcorée. La seconde étape du mariage juif était marquée par l'instauration de la vie commune, qui commençait normalement par la consommation charnelle, ce qui se produisait après que le mari ait emmené la femme chez lui (2). Nous voyons aussi le mariage en deux temps dans le monde grec, dans le monde germanique (je ne développe pas), mais c'est avant tout le droit romain qui a influencé la doctrine canonique en Occident, principalement en ce qui regarde le lien du mariage.

Le mariage romain est unique dans sa simplicité. Il ne se fait pas par étapes successives, mais en un seul moment, de façon ponctuelle (je laisse de côté les fiançailles). En droit romain, le mariage est constitué par le

---

(2) Les traductions de l'évangile selon saint Matthieu disent bien de Joseph qu'il était l'époux de Marie (I, 19), et la TOB commente : « Avant même de mener la vie commune, les jeunes gens qui se sont promis en mariage sont considérés comme des *époux* ».

consentement, c'est-à-dire la volonté réciproque des partenaires de se prendre pour époux, dans l'intention de procréer et d'élever des enfants. Comme celui de l'homme, le consentement de la femme est exigé ; elle a le même statut social que son mari. Ce n'est pas la consommation qui fait le mariage, c'est le consentement (3).

Un tel mariage ne requiert l'intervention d'aucune autorité publique, ni l'emploi d'aucune forme solennelle. Il y a certes des éléments matériels, telle que la conduite de l'épouse dans la maison du mari, mais aucun n'est nécessaire à la constitution du lien.

Les chrétiens qui vivaient dans le milieu romain et jouissaient de la citoyenneté romaine se mariaient selon le système romain (4). « Cette structure familiale et souple du mariage traditionnel favorisa, à n'en point douter, l'accord entre le christianisme et Rome sur le droit matrimonial. Les premières générations de fidèles ne songèrent point à édifier un mariage chrétien, juridiquement défini en face ou à côté du mariage romain » (R.G. GEREST, *Quand les chrétiens ne se mariaient pas à l'église – Histoire des cinq premiers siècles,* in *Lumière et Vie,* n. 82, p. 9). En effet, cette conception romaine du mariage convenait tout à fait aux chrétiens, puisqu'elle plaçait l'homme et la femme sur un pied d'égalité, vision parfaitement conforme à l'évangile. Par la suite, on lui découvrira l'avantage de démontrer que le mariage de la Vierge et de Joseph est un vrai mariage, puisque l'union charnelle n'a pas à intervenir pour constituer le lien matrimonial (5).

En un mot, durant les tout premiers siècles, l'Eglise ne parle pas d'un mariage chrétien : elle s'occupe des chrétiens qui se marient selon les droit en vigueur et les coutumes locales. Elle les met en garde contre le laxisme, par exemple le divorce, reconnu par tous les droits de l'Antiquité (il ne sera pas aboli dans le droit de Justinien, empereur « chrétien »). D'un autre côté, l'Eglise condamne le rigorisme. En effet, en dépit des craintes qu'elle a eues (et continue à avoir parfois) à l'égard de la sexualité, l'Eglise a toujours défendu le mariage qui, pour elle, est un sacrement, à la différence de la virginité. Elle l'a défendu, non seulement contre les hérétiques, comme Montan, Marcion, Mani et bien d'autres, mais aussi contre certains de ses fidèles, et je nommerai ici saint Jérôme, saint très officiel de l'Eglise, qui écrivait à l'une de ses dirigées, Eustochium : « Tu oses rabaisser le mariage qui a été béni par Dieu, direz-vous. Ce n'est point abaisser le mariage que de lui préférer la virginité. Personne ne compare un mal à un bien. Que les femmes mariées tiennent fierté de prendre rang derrière les vierges.

---

(3) Traduction du fameux adage romain : « Matrimonium facit consensus non concubitus ».
(4) La citoyenneté romaine, de plus en plus diffusée, sera quasi généralisée en 212 par un édit de Caracalla (empereur romain, né à Lyon).
(5) L'argumentation aurait pu valoir à partir du mariage pratiqué dans le monde juif (cf. supra), mais en fait le mariage juif toucha peu de chrétiens par rapport à ceux qui convolèrent selon le droit romain.

'Croissez, multipliez et remplissez la terre.' Qu'il croisse et se multiplie celui qui veut remplir la terre. Ta cohorte à toi est dans les cieux. 'Croissez, multipliez...' ; ce commandement s'est accompli après le paradis, après la nudité et les feuilles de figuier qui annonçaient les folles étreintes du mariage » (6). Parlant de l'acte conjugal, saint Thomas d'Aquin écrira pour sa part : « Si on l'accomplit pour le plaisir, en restant dans les limites du mariage, c'est un péché véniel. Si on l'accomplit par vertu, c'est un acte méritoire ». Cependant saint Thomas restait loin de la position de certains auteurs, qui trouvaient des justifications pour interdire les relations conjugales presque tous les jours de la semaine : « le jeudi, en souvenir de l'arrestation de Notre Seigneur, le vendredi en commémoration de sa mort, le samedi en l'honneur de la sainte Vierge, le dimanche, jour de la résurrection, le lundi, jour consacré aux défunts et encore certains jours de fête ».

Y avait-il un rite du mariage, demanderez-vous ? A partir du 4e siècle, la présence sacerdotale aux noces devient de plus en plus commune tant en Orient qu'en Occident, grâce à la prédication des Pères de l'Eglise sur le symbolisme de cette présence (en lui, « c'est le Christ lui-même qui est invité » – Saint Jean Chrysostome) et aussi pour répondre au désir des fidèles d'avoir les ministres du culte à leur mariage. Cependant, même s'il existait une liturgie du mariage, même si, de plus en plus, l'Eglise posera des exigences de publicité et de célébration extérieure du mariage, aucune forme canonique ne sera imposée sous peine d'invalidité du mariage avant le concile de Trente (16e siècle). Jusque-là, l'Eglise demandait bien que les chrétiens se marient *in facie ecclesiae*, c'est-à-dire devant le bâtiment église. Elle prescrivait aussi les publications de mariage (les bans), les avait même rendues obligatoires au concile de Latran, en 1215, mais la non-observation de ces règles ne rendait pas nuls les mariages qui n'en tenaient pas compte. Jusqu'au concile de Trente, il suffira pour se marier validement du seul échange des consentements, ce qui avait toutefois conduit à l'abus des mariages clandestins : les gens pouvaient convoler en dehors de tout contrôle, sans témoins, sans inscription sur un registre ; mariés sans formalités, ils pouvaient se démarier de la même façon, abandonnant au besoin conjoint et enfants ; ils pouvaient tout aussi bien contracter mariage au mépris d'un empêchement. C'est pour mettre fin à cette situation que le concile de Trente, d'ailleurs sollicité par les puissances séculières, prescrivit une forme canonique du mariage, qui désormais ne serait valide que s'il était contracté en présence du curé (ou d'un prêtre habilité) et de deux ou trois témoins. Toutefois ce n'est pas sans scrupule que les Pères du Concile, ou du moins certains d'entre eux, prirent cette décision, car ils avaient le sentiment de détruire la théorie consensualiste du mariage et ils ne voulaient pas donner

(6) Puissent ces lignes malheureuses ne pas nous faire oublier l'immense service que saint Jérôme a rendu à l'Eglise en traduisant la Bible et la passion qu'il avait pour les Ecritures, dont il disait que les ignorer, c'est ignorer le Christ !

à penser que l'essence du mariage pût consister en des cérémonies extérieures (7).

Reconnaissons que le consensualisme a été une façon de défendre le droit que chaque être humain possède en propre de façon inaliénable. Il a rendu énormément de service à l'institution matrimoniale. La suprématie du consentement personnel des partenaires comme élément constitutif d'un mariage valide aidera, dans une certaine mesure, à préserver tôt ou tard cette institution des influences politiques, sociales et économiques. En principe, des conjoints entrent dans cet état de vie par un libre choix de l'état lui-même et du partenaire (8).

Une évolution va pourtant se manifester : on n'en restera pas au consensualisme pur, et la notion d'union charnelle (la *copula*) va entrer en ligne de compte dans la formation du lien matrimonial. Je résume à grands traits les deux grandes théories formulées à ce sujet au 12e siècle. Pour Gratien, canoniste de l'Université de Bologne, le mariage qui résulte du seul échange des consentements peut être dissous. Il ne sera indissoluble que si cet échange est suivi de la consommation charnelle. Selon Pierre Lombard, théologien de l'Université de Paris, c'est bien le consentement qui fait le mariage et ce mariage est indissoluble, même si l'union charnelle n'intervient pas. La conception définitive empruntera aux deux théories, grâce au pape Alexandre III (1159-1181), un canoniste : le lien matrimonial est établi par l'échange des consentements et ce lien est indissoluble ; pas au point cependant qu'il ne puisse être dissous, s'il n'y a pas consommation. Ce qui revient à dire que seul le mariage sacramentel et consommé est radicalement indissoluble.

Il n'empêche que l'insistance mise sur le consentement et sur ses effets juridiques fera passer le mariage dans le domaine des contrats, ce que n'avaient pas fait les Romains, à qui nous devons pourtant le principe consensualiste. C'est seulement à la fin du 13e siècle que l'opinion commune paraît accepter le mariage comme un contrat (saint Albert le grand, saint Thomas hésitaient). On est donc passé de l'idée de consentement mutuel à la notion de contrat consensuel. De ce contrat, théologiens et canonistes ont étudié la nature, les conditions et les effets, en lui appliquant la théorie des contrats romains. Ils se sont intéressés à la notion du contrat de mariage, parce qu'ils y ont vu le sacrement de mariage. Mais « il a fallu deux siècles de discussions et de réflexions pour élaborer l'idée qu'une réalité terrestre,

(7) Lorsque, au 9e siècle, le pape Nicolas 1er écrit aux Bulgares, dont le roi l'avait consulté sur les usages latins de la célébration du mariage, il soulignait que tous les usages, y compris le rite ecclésiastique (cérémonie à l'église, intervention du prêtre avec le voile nuptial et la bénédiction) pourraient faire défaut sans porter atteinte à la validité du mariage, pourvu qu'il y ait consentement des époux. Le pape se montrait ainsi en plein accord avec le droit romain classique.

(8) Il y a souvent décalage entre le droit et les mœurs : « Mon père, il paraît que vous voulez me marier ? » demandait un fils de famille, sous l'Ancien Régime. « Mon fils, mêlez-vous de ce qui vous regarde » répondit le père. Voir les comédies de Molière !

le mariage lui-même, devait être considéré comme un sacrement, et cela, non en raison des gestes liturgiques qui l'entourent, mais bien à raison de la nature même du mariage. Cette évolution a duré du 11e au 13e siècle » (SCHILLEBEECKX, *Le mariage – Réalité terrestre et mystère de salut*, I, Paris, 1986, p. 247). Et encore ! Un Durand de Saint-Pourçain (1270 ou 73 – 1334) hésitera à mettre le mariage sur le même plan que les autres sacrements, précisément à cause de son élément naturel et humain.

Le revers de la médaille : si le mariage est un contrat, il doit être soumis à la réglementation de l'Etat. Le pouvoir civil ne manquera pas de le faire savoir à l'Eglise, qui répliquera en affirmant l'inséparabilité du contrat et du sacrement. Les conflits entre les deux pouvoirs seront nombreux, surtout à partir de l'introduction du mariage civil dans la plupart des Etats, mais c'est là une autre histoire, que je ne puis qu'évoquer.

Voyons maintenant l'essentiel de ce que nous dit sur le mariage le nouveau code de droit canonique.

Alors que le code de 1917 définissait précisément le mariage comme un contrat (9), celui d'aujourd'hui le décrit comme une alliance « par laquelle un homme et une femme constituent entre eux une communauté de toute la vie, ordonnée par son caractère naturel au bien des conjoints ainsi qu'à la génération et à l'éducation des enfants », alliance « élevée entre baptisés par le Christ Seigneur à la dignité de sacrement » (c. 1055, § 1). Le mariage reste certes l'accord de deux volontés, mais au terme de « contrat » combien paraît préférable celui d'« alliance », que lui donne le nouveau code, à la suite de la Constitution conciliaire *Gaudium et spes*, (n. 48). C'est une façon autrement heureuse d'exprimer l'acte par lequel les époux s'engagent l'un vis-à-vis de l'autre. L'alliance par laquelle Dieu veut amener tous les hommes à une vie de communion avec lui est au point de départ de toute la pensée religieuse de l'Ancien Testament, et le Seigneur n'a pas craint d'utiliser l'image de l'homme et de la femme, qui font alliance par le mariage, pour exprimer son alliance avec son peuple (Osée, Ezéchiel). Rapprochant le pacte matrimonial de l'alliance de Yahvé et d'Israël... le prophète Malachie affirmera que Dieu « hait la répudiation » (Ml, 2, 14), à une époque où le judaïsme admet la possibilité du divorce et où ses Docteurs discutent sur les causes qui le légitiment.

Par l'alliance matrimoniale, l'homme et la femme constituent donc, nous dit le c. 1055 § 1, « une communauté de toute la vie, ordonnée par son caractère naturel au bien des conjoints ainsi qu'à la génération et à l'éducation des enfants ».

---

(9) Le terme n'est pas complètement abandonné par le nouveau code, et le c. 1055, § 2 reprend mot à mot le c. 1012 § 2, objet de bien des discussions et controverses : « ... entre baptisés, il ne peut exister de contrat matrimonial valide qui ne soit, par le fait même, un sacrement ».

– *Communauté de toute la vie* : l'expression est reprise de *Gaudium et spes* (n. 48), qui parle même de « la communauté *profonde* de vie et d'*amour* que forme le couple ». Cette expression ou des expressions semblables avaient et ont été utilisées dans toute la tradition canonique et théologique pour définir le mariage, et le code de 1917 ne les ignorait pas, mais paradoxalement ne les employait que dans le chapitre traitant de la séparation des conjoints.

Le c. 1055 § 1, qui définit le mariage en terme d'alliance, nous en dit également les *finalités* : « l'homme et la femme constituent une communauté de toute la vie, ordonnée par son caractère naturel au *bien des conjoints* ainsi qu'à la *génération et à l'éducation des enfants* ». On mesurera le chemin parcouru si l'on sait que le code de 1917 définissait en ces termes les fins du mariage : « La fin première du mariage est la procréation et l'éducation des enfants ; la fin secondaire (ou au moins seconde) est l'aide mutuelle et le remède à la concupiscence » (c. 1013 § 1).

Dans la Bible, il y a deux récits de la création. D'après le premier (le moins ancien), Dieu dit à l'homme et à la femme : « Soyez féconds et prolifiques, remplissez la terre et dominez-la ». Le mariage, inscrit ainsi dans la contexture générale de la race humaine, doit servir à son maintien. De fait, tout l'Ancien Testament retentit des plaintes de la femme stérile et, sur ce point, bien des peuples sur la terre en sont restés au stade de l'Ancien Testament.

Le second récit de la création (le plus ancien) nous rapporte le cri d'admiration du premier homme devant la première femme : « Voilà cette fois l'os de mes os et la chair de ma chair » et le livre saint commente : « Aussi l'homme laisse-t-il son père et sa mère pour s'attacher à sa femme et ils deviennent une seule chair ».

Ce sont ces dernières paroles qui ont été reprises par Jésus et saint Paul, qui n'ont pas parlé de procréation, sans doute parce que cette obligation n'avait nullement besoin d'être rappelée dans le contexte culturel et religieux qui était le leur.

Il y a donc deux « ordres » dans le mariage : l'ordre de la procréation et l'ordre de l'amour. L'Eglise ne l'a pas oublié, mais il faut reconnaître que, pendant des siècles, le premier a quelque peu éclipsé le second, et ce sous des influences diverses, que je ne puis qu'évoquer. Il y a eu l'influence du droit romain, où il était stipulé que les fiancés se mariaient « pour procréer des enfants » (10). Celle également de la philosophie platonicienne, où le corps apparaît comme l'ennemi de l'âme, et le mariage comme un « service de procréation ». D'une plume journalistique, le Père REY-MERMET résume ainsi la situation : « Trop d'amour pour son épouse, c'est de l'adul-

---

(10) Etait-il influencé par le droit romain ? En tous les cas, saint Justin, qui subit le martyre vers 165, écrivait dans son *Apologie* : « Nous ne contractons mariage que pour avoir des enfants ».

tère. Une honte. Un sage doit aimer sa femme avec sa tête, non avec son cœur. Rien de plus répugnant que d'en être passionné comme d'une amante ». Et de commenter : « C'est ce texte qui est répugnant » (*Ce que Dieu a uni*).

Pour notre époque, citons l'allocution de Pie XII aux sages-femmes, le 29 octobre 1951 (elle fit du bruit en son temps) : « La vérité est que le mariage comme institution naturelle, en vertu de la volonté du Créateur, a pour fin première et intime non le perfectionnement personnel des époux, mais la procréation et l'éducation de la nouvelle vie. Les autres fins, tout en étant également voulues par la nature, ne se trouvent pas sur le même rang que la première ; et encore moins lui sont-elles supérieures, mais essentiellement subordonnées ». Le pape ajoutait cependant (soyons honnêtes de ne pas le taire) : « Veut-on par là nier ou diminuer tout ce qu'il y a de bon et de juste dans les valeurs personnelles qui résultent du mariage et de sa réalisation ? Non, certes, puisque à la procréation d'une nouvelle vie, dans le mariage, le Créateur a destiné des êtres humains, faits de chair et de sang, doués d'esprit et de cœur ». Dans l'encyclique *Casti connubii* (31.12.1930), Pie XI avait bien écrit qu'il était nécessaire de faire fleurir dans la société domestique « ce que saint Augustin appelle l'ordre de l'amour », mais c'était pour commenter aussitôt : « Cet ordre implique et la primauté du mari sur sa femme et ses enfants, et la soumission empressée de la femme ainsi que son obéissance spontanée » (11).

Dressons un premier bilan du regard du nouveau code sur le mariage par rapport à l'ancien :

– le mariage est davantage vu comme une alliance que comme un contrat.

– L'union conjugale est présentée comme une communauté de toute la vie (12).

– Il n'est soufflé mot de la hiérarchie des fins du mariage, dont l'une serait première et les autres secondaires. Le « bien des conjoints » (conception personnaliste du mariage) est *ordonnée* (non subordonnée) à la procréation et à l'éducation des enfants (conception institutionnelle du mariage).

---

(11) Dans un article je me suis permis de commenter : « Qu'on veuille bien ne pas nous taxer d'irrévérence si ces lignes papales ont évoqué en notre esprit celles où le socialiste Proudhon parle du mariage : « Entre l'homme et la femme, il n'y a pas véritablement société. L'homme et la femme ne vont pas de compagnie ». Et Proudhon de commenter que leurs relations doivent être de 'chef à lieutenant, de curé à vicaire (sic), de roi à ministre ; non d'associé à associé' ».

(12) Les mots latins utilisés pour définir le mariage expriment bien cette communauté de vie : *Conjugium* (cum jungare), parce que le mariage unit l'homme et la femme, en les mettant pour ainsi dire sous le même joug (jugum). D'où conjoint, conjugal. *Consortium* (sors = sort, destin) parce que le mariage est une communauté étroite de destin. *Nuptiae*, noces, qui vient de nubere (voiler) d'où le nom de *connubium*, parce que, dans la cérémonie où la femme était prise par l'homme pour épouse, celle-ci avait la tête couverte d'un voile. Dans le connubium, l'homme et la femme sont sous la même *nubes*, qui signifie aussi bien nuage que voile.

Le changement du nouveau code par rapport à l'ancien se vérifie encore dans la *définition du consentement matrimonial.*

Le code de 1917 (c. 1081) disait du consentement qu'il est « un acte de la volonté par lequel chaque *partie* donne et accepte le *droit* perpétuel et exclusif *sur le corps*, pour l'accomplissement des actes aptes de soi à la génération des enfants ».

On a reproché à cette définition son caractère trop biologique et sa fin trop exclusivement nataliste. Caractère trop biologique ! C'est vrai, encore que ce fameux droit sur le corps n'est pas un droit de faire n'importe quoi, puisqu'il est un droit *perpétuel* (affirmation de l'indissolubilité) et *exclusif* (affirmation de l'unité du mariage) (13).

Il est certain que les réalités charnelles n'ont jamais été pudiquement voilées dans le droit canonique. Certain aussi que l'aspect naturaliste du mariage en est l'aspect immédiatement populaire. Prise dans sa littéralité, avant que l'exégèse moderne ne démontre le sens trop restrictif de la traduction habituelle, la Parole de l'Ecriture : « ils seront deux dans une seule *chair* » provoquait à cette conception réaliste.

L'importance du *droit sur le corps* a entraîné des conséquences juridiques qui existent toujours :

– Possibilité de faire dissoudre un mariage non consommé (c. 1142).

– L'empêchement d'âge, qui toutefois n'a pas été déterminé uniquement par la capacité d'accomplir l'acte sexuel : la maturité d'esprit nécessaire pour donner un consentement y a joué un rôle aussi grand (c. 1083).

– L'empêchement d'impuissance, si cette impuissance est antécédente au mariage et perpétuelle, qu'elle soit absolue ou relative à telle personne déterminée, qu'elle provienne de causes physiques ou psychiques (c. 1084). Il s'agit de l'incapacité d'accomplir l'acte sexuel, non de la stérilité, qui n'empêche pas le mariage.

– Le refus des enfants, refus absolu et antérieur au mariage (aucun enfant et jamais) entraîne aussi la nullité du mariage (14).

Revenons à la définition du consentement. Le 1er § du canon 1057 reprend ce que disait le code de 1917 : « C'est le consentement des parties légitimement manifesté entre personnes juridiquement capables qui fait le mariage ; ce consentement ne peut être suppléé par aucune puissance humaine ». Je ne m'y arrête pas. Plus important le second paragraphe : « Le consentement matrimonial est l'acte de la volonté par lequel *un homme et une femme se donnent et se reçoivent mutuellement par une alliance irrévocable* pour constituer le mariage ». Ainsi est signifié que la chair ne se réduit pas

(13) Le nouveau code (c. 1056) affirme tout comme l'ancien que « les propriétés essentielles du mariage sont l'unité et l'indissolubilité ».

(14) Le refus de donner « le droit sur le corps en vue des actes aptes de soi à la génération des enfants » (code de 1917) est exprimé différemment dans le code de 1983, qui parle d'exclusion d'un des éléments essentiels du mariage (c. 1101, § 2).

au corporel, le terme signifiant la personne elle-même ; d'où les traductions actuelles : « Tous deux ne feront plus qu'*un* ». Il y a élargissement des perspectives. On ne va pas s'inquiéter seulement de savoir si les conjoints ont la capacité physique d'être mari et femme. On va aussi se préoccuper de leur capacité *psychologique* d'établir entre eux une communauté de vie. Le canon 1095 (nouveau) traduit cette préoccupation :

« Sont incapables de contracter mariage les personnes

1° qui n'ont pas l'usage suffisant de la raison ;

2° qui souffrent d'un grave défaut de discernement concernant les droits et les devoirs essentiels du mariage à donner et à recevoir mutuellement ;

3° qui pour des causes de nature psychique ne peuvent assumer les obligations essentielles du mariage ».

– « Ceux qui n'ont pas l'usage suffisant de la raison » : l'innovation n'est pas là, car on n'a pas attendu le nouveau code pour déclarer nul le mariage de gens dont la raison est gravement défaillante. En effet, si le mariage est un « acte de la volonté », cet acte est inséparable de celui de l'intelligence, de la raison : on ne peut vouloir ce qu'on ne connaît pas ou qu'on ne connaît que d'une façon gravement déformée (15).

– « Ceux qui souffrent d'un grave défaut de discernement... » On a traduit par le mot « discernement » l'expression latine *discretio iudicii*, ce qui, à mon sens, constitue un appauvrissement. *Maturité de jugement* semblerait mieux convenir. Pour contracter mariage, il faut cette maturité, qui regarde à la fois la capacité de comprendre et la capacité de vouloir. Parfois, c'est le domaine de l'intelligence qui est le plus touché, parfois celui de la volonté. Mais gardons-nous d'atomiser la personne et de faire de la psychologie en mosaïques, mettant dans un flacon l'intelligence et dans un autre la volonté. Leur unité est première. Dans un cas concret, il conviendra de vérifier s'il y a eu ou non un élément de nature à endommager radicalement ou gravement leur causalité réciproque. Je ne puis entrer dans le détail des différents états psychiatriques et psychologiques qui affectent certains sujets. Mais l'expérience permet de constater que si le mariage est un état de vie où les partenaires doivent se donner et se recevoir, il en est hélas ! qui sont incapables de cette relation interpersonnelle de type conjugal.

On avance souvent le cas de l'immaturité *affective*. A la vérité, la maturité affective n'est pas un produit chimiquement pur, donné au départ ; elle s'acquiert avec le temps. Il est tout de même des cas patents d'immaturité qui empêchent le libre choix (l'immaturité affective apparaît alors comme une modalité du défaut de discernement, au sens décrit plus haut).

---

(15) Il est évidemment rarissime que la « déraison » se manifeste au moment précis de la célébration des noces. Il arrive plus fréquemment que la crise, de schizophrénie par exemple, éclate quelques jours plus tard. Or elle n'éclate pas comme un coup de tonnerre dans un ciel serein ! Il y a eu des antécédents... plus ou moins graves.

– « Ceux qui pour des causes de nature psychique ne peuvent assumer les obligations essentielles du mariage ». Ici, il ne s'agit plus de la capacité de comprendre et de vouloir les obligations du mariage, mais de la capacité de les remplir. Il y a des gens tout à fait capables de raisonner sur le mariage et de le vouloir. Tel est le cas, par exemple, de certains homosexuels, qui pensent « se guérir » par le mariage. Or, c'est la pire des solutions, car le mariage n'est pas une thérapie : de fait, ils ne peuvent vivre un état de vie qui, par sa nature même, requiert l'hétérosexualité. Ils sont incapables d'assumer les obligations matrimoniales essentielles (16).

Les canons qui suivent le canon 1095, dans le chapitre consacré au *consentement matrimonial*, sont proches des canons de l'ancien code, avec quelques variations, que je laisse de côté. Ces canons concernent l'ignorance de la nature du mariage, l'erreur sur la personne ou ses qualités, la simulation du consentement, l'exclusion de l'enfant, de l'unité, de l'indissolubilité, le mariage contracté avec une condition, celui qui l'est sous l'effet de la violence ou de la crainte.

Je préfère vous signaler l'introduction d'un nouveau chef de nullité : le dol ou la tromperie. Le souci de ne pas porter atteinte au principe de l'indissolubilité avait jusque-là déterminé l'Eglise à exclure le dol comme cause de nullité d'un mariage. Emus des cas douloureux qu'ils rencontraient, bien des canonistes avaient émis le vœu qu'on revînt sur la doctrine et la jurisprudence traditionnelles. Le canon 1098 répond à ce souhait : « La personne qui contracte mariage, trompée par un dol commis en vue d'obtenir le consentement, et portant sur une qualité de l'autre partie, qui de sa nature même peut perturber gravement la communauté de vie conjugale, contracte invalidement ». On peut toujours craindre les interprétations trop larges du principe justement posé. On n'est pas pour autant obligé de suivre l'argumentation d'anciens canonistes, pour qui, en matière spirituelle, le dol était nécessairement un bon dol, puisque un sacrement est une bonne chose (conception quelque peu magique des sacrements) ! C'est vite expédier la souffrance de ceux qui ont été les victimes d'une tromperie dans le mariage et qui ne trouveront jamais une consolation dans cette démonstration, pas plus que dans l'adage cruel formulé par le juriste français Loysel : « En mariage trompe qui peut ! ».

Par nécessité, je suis loin d'avoir tout dit concernant le mariage dans le droit canonique. Il m'aurait fallu traiter des empêchements de mariage, de la forme canonique (à ne pas confondre avec la forme liturgique), des mariages mixtes (ceux qui sont contractés entre une partie catholique et une partie chrétienne non catholique), du soin pastoral et des préliminaires à la célébration du mariage, etc. Je suis allé à ce qui semblait l'essentiel et je conclus en quelques mots.

---

(16) Le mariage peut avoir été consommé, mais l'important est de vérifier la tendance prévalente du sujet.

Le droit qui régit le mariage dans l'Eglise n'est pas un droit hors du temps. Le droit actuel est tributaire de Vatican II, comme l'a relevé Jean-Paul II dans la Constitution apostolique qui sert d'introduction au nouveau code : « Si le Concile Vatican II a tiré du trésor de la Tradition de l'ancien et du nouveau... il est clair que le Code doit refléter cette même nuance de fidélité dans la nouveauté et de nouveauté dans la fidélité, et s'y conformer dans son propre domaine et dans sa façon particulière de s'exprimer ».

« Façon particulière » dont le droit canonique exprime sa fidélité aux choses anciennes et nouvelles (*vetera et nova*). Le droit ne dit pas tout à lui tout seul. Le canoniste n'est pas un dogmaticien, un moraliste, un anthropologue, un psychologue, etc., encore qu'il ne saurait ignorer ces disciplines. Le Père Marie-Dominique Chenu a parlé « de la rude et amicale tension qui a régné et règne toujours entre théologiens et juristes », mais il a ajouté : « La propriété des objets formels légitime à la fois l'abstraction qui les fait rivaux et les permanents échanges qui animent leur conversation » (*Officium – Théologiens et canonistes*, in *Etudes d'histoire du droit canonique dédiées à Gabriel Le Bras*, Paris II, p. 835). C'est de cet esprit que pourrait participer le débat qui va suivre.

Jacques VERNAY

L'EGLISE FACE A LA CRISE DU MARIAGE

Je vais parler non seulement du mariage à l'Eglise mais aussi du mariage à la mairie. Car le mariage, avant d'être un sacrement choisi par le Christ, est une réalité humaine. L'Eglise catholique se sent concernée par le mariage civil ; elle ne s'intéresse pas seulement au sacrement que se donnent les catholiques qui se marient dans les églises.

Le mariage se dévalorise, l'institution matrimoniale suscite moins d'intérêt. C'est un phénomène dont personne ne conteste l'importance. Quelques chiffres :

En 1972 : 417 000 mariages civils ont été célébrés ; en 1986 : 266 000 seulement. Certes, l'année 1972 a vu le nombre maximum de mariages de l'après-guerre mais la diminution est frappante. La baisse est continue, même si elle s'atténue ces dernières années. Avec une exception dans le département du Rhône : le nombre des mariages n'a pas diminué en 1986 par rapport à 1985, il a même augmenté de quelques unités !

Beaucoup de jeunes vivent ensemble sans se marier : il y a au moins un million de couples de cohabitants de moins de 35 ans. Jeunes vivant ensemble, concubinage, cohabitation, les termes ne sont pas fixés, signe d'une situation floue.

Parallèlement, le nombre de divorces augmente. En 1986, 109 000 jugements de divorces ont été prononcés en France. Plus d'un divorce pour trois mariages. La proportion est considérable.

On constate l'augmentation des enfants nés hors mariage, désignés autrefois sous le nom d'enfants naturels. Non plus, comme récemment encore, dans des couches pauvres ou méprisées de la population. Mais dans des catégories sociales aisées financièrement et culturellement, c'est-à-dire celles qui font l'opinion et qui ont une influence progressive sur les autres catégories : artistes, professions libérales, enseignants etc... En 1986, près de 20 % des enfants sont nés dans des couples non mariés.

Enfin se développe le nombre de familles mono-parentales ou foyers mono-parentaux, c'est-à-dire composés d'un seul parent : la mère seule ou le père seul. Il y a toujours eu des veufs et des veuves ; des divorcés qui ne se remariaient pas. Il y a de plus en plus de mères ou de pères seuls, soit après un temps de cohabitation suivi de séparation, soit après un temps de mariage suivi d'un divorce. Situation souvent subie mais parfois choisie. 1 600 000 enfants vivent dans ces familles en situation mono-parentales.

Un sondage de *La Vie*, en mai dernier, confirme l'importance de cette dévalorisation du mariage. A la question posée : « Beaucoup de jeunes vivent ensemble sans se marier parce qu'ils ne voient pas l'utilité d'un contrat public, civil ou religieux. Vous, personnellement, comprenez-vous cette attitude ? », les réponses donnent : 70 % de oui ; 24 % de non ; 6 % qui ne savent pas. Un tel sondage confirme le diagnostic de Ricœur qui écrivait, il y a trente ans, que « le grand problème de l'amour sera l'articulation entre l'institution et la liberté ».

Toutefois, ce phénomène de dévalorisation du mariage, s'il est important, n'est pas nouveau. En effet, à chaque changement important de société, l'institution matrimoniale a été contestée. Pensez au XVe siècle : il a été appelé par ses contemporains, paraît-il, « le siècle des bâtards », tellement d'enfants naissaient hors mariage. Pensez à la Révolution et à l'Empire : il y a eu aussi une crise grave du mariage. Puis, peu à peu, les hommes, les femmes et la société ont trouvé un sens renouvelé du mariage, ce qui est autre chose qu'une restauration.

Il n'est jamais facile de vivre à une époque de mutation de société et peut-être de civilisation. Car elle pose, de manière nouvelle, les questions de toujours sur la vie, la mort et l'amour. Pour exorciser son angoisse, l'on est tenté de trouver des boucs émissaires : c'est la faute, disent certains, tantôt des enseignants, tantôt des médias, des parents, du clergé etc... Plutôt que de moraliser sur ce phénomène, il est préférable d'essayer de le comprendre et de l'analyser. Ce sera la première partie de mes propos. Je préciserai ensuite la conviction de l'Eglise par rapport au mariage. Dans une troisième partie, je proposerai quelques « points-rencontre » entre « ceux qui croient au mariage et ceux qui n'y croient pas », quelques éléments de discussion, quelques points importants de pédagogie.

I – Quelques éléments d'analyse

Une crise a toujours des raisons multiples. Celle du mariage dépend sans doute de nombreux facteurs :

L'évolution économique : par exemple, l'essor des « trente glorieuses » (1945-1975) et l'augmentation du niveau de vie ont permis aux jeunes qui n'ont pas encore une profession d'avoir un logement à part de celui de leurs parents, avec une vie financière plus indépendante. Le chômage et les difficultés économiques depuis dix ans ont réduit cette tendance mais ne l'ont pas inversée.

L'évolution sociale : l'anonymat généralisé de la vie en ville entraîne une diminution de la pression sociale. Même les campagnes se mettent à adopter ce comportement urbain. Et la maîtrise scientifique de la fécondité facilite le concubinage : les concubins, sur une longue durée, ont cinq à six fois moins d'enfants que les couples mariés.

L'évolution culturelle : la promotion de l'égalité des femmes par rapport aux hommes, la revendication de la liberté et du plaisir, pour les femmes comme pour les hommes, avec chez certains une idéologie tout-à-fait libertaire ; le fait que le couple soit valorisé parfois au détriment de la famille (certains ont pu dire que la famille était malade du couple).

L'évolution religieuse : la baisse des convictions religieuses, même s'il est toujours difficile de l'apprécier et impossible de la mesurer, a également sa part dans cet « éboulement » du mariage.

Bref, des raisons multiples tenant à une évolution économique, sociale, culturelle, religieuse : on s'interroge beaucoup sur la part prise par chacun de ces facteurs. Parmi tous ceux qui sont indiqués, j'avoue que ma préférence va à l'évolution culturelle. Avec une raison majeure que les sociologues appellent « *la privatisation excessive de la vie affective* ». Ainsi tel footballeur connu, répond dans une longue interview à de nombreuses questions sur son entraînement, sa vie d'équipe, son salaire, ses relations avec son manager, tout ce qui concerne sa vie professionnelle, même si elle est exceptionnelle par rapport à la plupart des habitants de la France. Mais quand l'interviewer se hasarde à lui demander : « Vous allez bientôt vous marier, paraît-il ? », aussitôt il l'interrompt : « ah, je ne répondrai pas, c'est ma vie privée, ça ne concerne personne d'autre que moi ». Citation tout-à-fait révélatrice de cette privatisation de la vie affective et de la vie amoureuse.

C'est une évolution qui a commencé sans doute au XVIe siècle et qui s'est accélérée depuis une cinquantaine d'années. Autrefois le mariage était très lié à la dimension économique de la vie. Dans une société à dominante agricole, il fallait être en famille pour gagner sa vie et bénéficier de l'équivalent d'une protection sociale. Par l'union de deux individus, c'étaient deux familles qui s'unissaient en mettant en commun leurs intérêts. Les contrats de mariage étaient indispensables pour assurer la transmission des biens mobiliers et immobiliers. Le mariage, spécialement pour les filles (pensez à la dot), permettait de les « caser » ; l'expression était encore courante jusqu'aux années soixante, dans certains milieux.

Progressivement, *une dissociation s'est produite entre le travail, la dimension économique, d'une part, et la famille, basée sur le mariage, d'autre part.* Il y a eu peu à peu le passage d'une société agricole à une société industrielle. Les paysans et les artisans sont devenus de moins en moins nombreux. Par contre, le monde de l'industrie et du commerce a considérablement augmenté, puis le monde du secteur tertiaire. Pour la plupart des personnes, il n'est plus nécessaire d'être en famille pour gagner sa vie et bénéficier d'une couverture sociale (assurance contre la maladie et la vieillesse). D'autant que la plupart ne vivent plus sur les lieux de leur travail, ce qui est encore le cas pour les paysans et les artisans. Cette dissociation concerne non seulement les hommes mais aussi les femmes : celles-ci, par leur indépendance professionnelle, ont en quelque sorte, accédé à leur autonomie financière ; elles n'ont plus besoin d'être « casées » avec un homme, par les liens du mariage pour vivre ... ou survivre (à noter qu'en 1900, presqu'autant de femmes que maintenant travaillaient « professionnellement » mais, par différence avec la situation actuelle, ce travail était effectué souvent sur le lieu d'habitation, soit dans les terres de la propriété par les paysannes, soit à domicile par des ouvrières pour le compte d'un atelier ou d'une entreprise).

Ainsi la vie des individus se déroule-t-elle sur deux registres, deux sphères :

a) *Une sphère publique*

– avec le travail marqué par l'efficacité, la rentabilité, la productivité : les sentiments individuels, l'affectivité comptent peu ; toutes les professions, pas simplement la condition ouvrière, sont marquées par l'âpreté, la rudesse de la compétitivité ;

– avec les transports qui, en grande agglomération, prennent de plus en plus de temps et sont marqués par l'anonymat : on ne discute pas dans le métro ou en train de banlieue comme dans un train de campagne ;

– avec la plupart des relations urbaines marquées par une certaine froideur : on ne se livre pas beaucoup.

b) *Une sphère privée comprenant la famille et les loisirs*

– Les loisirs que l'on peut prendre avec des relations choisies, des petits groupes à taille restreinte où l'on se sent reconnu, où l'on estime pouvoir être soi-même, être valorisé, même s'il faut faire un trajet de plusieurs kilomètres pour retrouver ce groupe et vivre ce loisir.

– Surtout la famille et le couple, car c'est là qu'on peut exprimer ses sentiments personnels, son besoin de tendresse et de reconnaissance, sa recherche de relations humaines chaleureuses, l'affirmation de son identité, en un mot, sa vie affective. On se sent bien au chaud, on a besoin d'un tel nid douillet pour se reposer des agressions que l'on subit dans la sphère publique de sa vie ; on refait ses forces en étant choyé et valorisé.

Ce phénomène de la privatisation excessive de la vie affective aboutit, avec d'autres raisons, à la situation actuelle où le *couple est à la fois idéalisé et fragilisé* :

Idéalisé : puisque l'affectivité ne peut s'exprimer principalement que dans la vie familiale et dans le couple, celui-ci prend beaucoup d'importance. On attend beaucoup de la vie du couple ; on y investit énormément (l'utilisation d'un terme financier est très caractéristique). Cet investissement commence très tôt chez les jeunes (ils sont comme un miroir des adultes et des valeurs dominantes de la société), avec la recherche précoce d'un partenaire privilégié. « Je suis dans une bulle avec ma copine » disait l'un deux.

Fragilisé : une difficulté, si elle commence à durer, n'est plus supportable ni tolérable. D'autant que beaucoup confondent conflit et échec de l'amour. On a tellement investi qu'une baisse de rentabilité n'est pas acceptée. Et l'on va chercher à s'investir ailleurs. Combien de fois n'ai-je pas entendu, en réunion de jeunes, des phrases comme celles-ci : « si on ne se plait plus, si ça ne va plus, on se quittera, on ne restera plus ensemble » ! Mais vous me direz : « autrefois la vie des couples n'était pas parfaite ». Certes, il y avait des mésententes, des crises, des échecs. Il ne faut jamais idéaliser le passé ! Mais les conjoints restaient ensemble parce que, la plupart du temps, ils ne pouvaient pas faire autrement, pour subvenir à leurs nécessités matérielles. Et le couple n'était pas le seul lieu ou le lieu quasi exclusif où, de fait, ce besoin fondamental que chacun a d'être reconnu et aimé pouvait se manifester. Comme on l'a dit en plaisantant, « l'homme se consolait au bistrot, la femme au lavoir ou à l'église ». La vie affective ne s'exprimait pas que dans les couples et les familles ; mais aussi dans d'autres possibilités, des groupes intermédiaires entre les individus et la grande société : pensez, par exemple, aux fêtes de villages, ou de quartiers, tant qu'ils étaient à taille humaine !

Cette privatisation de la vie affective fait comprendre également pourquoi toute prise de position d'une autorité morale est considérée comme une ingérence indue dans la vie privée des individus, une indiscrétion. Qu'il s'agisse de prises de position du pape, des évêques ou du Conseil national d'Ethique présidé par le professeur Bernard.

Ces éléments d'analyse sont présentés, j'en ai conscience, de manière schématique et même simpliste. Cette démarche est toutefois indispensable. Car, pour évangéliser une culture, il faut comprendre son évolution. Un regard pastoral n'est jamais uniquement sociologique, il est aussi spirituel, c'est-à-dire porté dans l'espérance : le bon grain et l'ivraie sont mêlés, aucune situation n'est pûrement négative !

II – Conviction de l'église catholique par rapport à l'institution du mariage

Je me réfère aux grands textes récents : *Gaudium et Spes* (Vatican II), *Familiaris consortio* et *La charte de la famille* publiée par le Vatican en novembre 1983.

Cette position de l'Eglise concerne deux niveaux :

Premier niveau : la réalité humaine du mariage

Avant d'être un sacrement, avant d'avoir été choisi par le Christ pour devenir sacrement de son Alliance, le mariage existait. Il est une réalité humaine bien antérieure au Christ. Cette réalité sociale s'exprime, pour notre société française d'aujourd'hui, dans le mariage civil.

Sans doute l'Eglise a-t-elle sa part de responsabilité dans la dévalorisation actuelle du mariage civil. Car, dans la lutte qui l'a opposée aux Etats européens, surtout au siècle dernier, elle a eu tendance à diminuer la signification du mariage civil pour affirmer la valeur du mariage sacramentel. Elle retrouve l'importance du mariage comme réalité humaine irremplaçable (*Familiaris consortio* n° 81).

1) L'Eglise s'appuie sur *les paroles très précises du Christ en Matthieu 19, qui se réfère aux chapitres 1 et 2 de la Genèse.*

Les pharisiens demandent au Christ les motifs pour lesquels un homme peut répudier sa femme. La loi de Moïse, dans le Deutéronome, autorisait la répudiation de la femme par son mari à certaines conditions ; mais l'inverse n'était pas possible (n'oublions pas le contexte culturel : il n'y a pas d'égalité entre homme et femme). Les écoles de pharisiens et de rabbins discutaient des motifs possibles de cette répudiation.

A la question piège qu'on lui pose, le Christ répond par une autre question : « N'avez-vous lu que le Créateur, au commencement, les fit homme et femme et qu'Il a dit : « C'est pourquoi l'homme quittera son père et sa mère et s'attachera à sa femme et les deux ne feront qu'une seule chair. Ainsi ils ne seront plus deux mais une seule chair. Que l'homme donc ne sépare pas ce que Dieu a uni ».

Le mariage correspond à la volonté, au désir du Créateur dès le commencement. Ce n'est pas un début chronologique. C'est un début ontologique, ce qui est à la racine, au fondement de l'humanité. Le mariage est donné par Dieu à l'humanité pour s'humaniser, au même titre que la différence sexuelle homme-femme. Il y a un double « donné » que l'on reçoit (on n'en est pas maître) et à partir duquel on peut grandir en humanité. L'homme et la femme sont créés images de Dieu. Masculin et féminin, ils sont images de Dieu. Cette différence sexuelle est un donné qu'ils reçoivent et à partir duquel ils vont s'humaniser et répondre au désir de Dieu. Il faut du temps pour s'accepter réellement homme ou femme !

Ce qui est aussi un donné, c'est le mariage. Tout don de Dieu est une tâche à accomplir. Ainsi cette institution fondatrice d'humanité qu'est le mariage revêt des modalités multiples, tenant à la diversité des civilisations et sociétés. Mais fondamentalement, le mariage, sous une forme ou sous une autre, est essentiel à l'amour vrai entre un homme et une femme, à la vérité et à la justice de leur relation ainsi que de celle qu'ils auront avec leurs enfants, à la stabilité et à l'équilibre de la société.

Le débat rebondit, car les pharisiens connaissent la Bible ; ils demandent pourquoi la loi de Moïse autorise la répudiation. Le Christ répond : la contradiction n'est qu'apparente : « c'est à cause de la dureté de votre cœur, de votre inhumanité, que Moïse vous a permis de répudier vos femmes. Mais au commencement il n'en était pas ainsi, c'est-à-dire pour ce qui est fondamental dans l'amour entre l'homme et la femme ». Moïse a donc autorisé le divorce mais le divorce n'est pas un bien. Dieu, qui veut le bien des hommes et des femmes, ne veut pas un mariage avec une répudiation possible. Et le Christ continue : « Je vous le dis : si quelqu'un répudie sa femme – sauf en cas d'union illégale – et en épouse une autre, il est adultère ». Cette incise a fait couler beaucoup d'encre et les Eglises orthodoxes estiment qu'elle rend possible un divorce, à certaines conditions. Ce n'est pas le moment d'en discuter longuement. Il est sûr en tout cas, tous les exégètes le reconnaissent que le Christ précise fortement le caractère définitif du mariage.

La fin de cet épisode évangélique rapporte la *réaction significative des disciples* : « si l'homme ne peut pas répudier sa femme, il n'y a pas intérêt à se marier ». Les questions posées au mariage ne sont pas modernes ! Le Christ répond par l'évocation du célibat pour le Royaume. Ne veut-Il pas nous dire ceci : le mariage pour toujours n'est pas facile à vivre. Mais les êtres humains en sont capables, car quelques-uns sont capables d'assumer d'autres exigences, celles de ne pas se marier et de vivre dans la virginité consacrée.

Rien de ce qui est humain n'est facile ; cela demande de prendre des risques, nécessite courage et endurance. *S'humaniser, s'amoriser* (pour reprendre une expression de Teilhard), *c'est une aventure.* Le Christ nous révèle ainsi la grandeur dont l'être humain est capable, les possibilités qui sont en chacun. Toute personne humaine est créée pour vivre en Alliance avec Dieu et avec ses semblables. Telle est la réalité qui nous permet, si nous le désirons, de donner sens plénier et définitif à nos personnes individuelles comme à toute l'humanité. Chacun a en lui la capacité d'aimer progressivement comme Dieu aime, d'un amour total et définitif, d'être libre de la liberté de Dieu. Telle est la grandeur humaine.

Le soi-disant réalisme des disciples est faux : il ne correspond pas à la réalité profonde de la personne et de la relation entre l'homme et la femme. Vous pensez ne pas pouvoir vous unir pour toujours ; eh bien, vous en êtes capables. Vous êtes tous capables de beaucoup plus que vous ne croyez à première vue, à courte vue. Vous êtes capables d'un amour qui dure toujours.

L'échec est possible et l'Eglise ne doit pas cesser de témoigner de la tendresse de Dieu à ceux qui ont échoué et qui ont « refait leur vie ». Mais la réussite aussi est possible. Nous rendons service à la société européenne en montrant avec une humble fermeté que la réussite est possible. Il y a des erreurs ; on a beaucoup parlé de droit à l'erreur. Mais il y a aussi la vérité concernant la personne humaine et l'amour humain. L'Eglise présente le droit à la vérité. Tous les êtres humains ont la capacité d'un amour pour toujours.

2) Par rapport à cette réalité humaine du mariage, que l'Eglise affirme avec assurance, je constate que *les anthropologues et les ethnologues rejoignent cette conviction de l'Eglise.* Depuis une cinquantaine d'années, ils ont beaucoup étudié l'origine des sociétés humaines et leur fonctionnement. Vous savez le rôle qu'a joué Lévi-Strauss, en montrant ce qui distingue les sociétés humaines et les sociétés animales. Il estime que c'est autour de l'interdit de l'inceste que l'on peut nommer le seuil qui franchit de manière irréversible ce que nous avons en commun avec les espèces animales : « tu ne prendras pas pour femme ni ta mère ni ta sœur mais tu iras ailleurs », à la différence des animaux. Autour de cet interdit de l'inceste, les sociétés humaines ont peu à peu constitué des règles, des structures de parenté et de filiation. Je ne sais quel ethnologue a écrit ceci : « Dans l'espèce humaine, quand deux êtres ont une relation sexuelle, ce ne sont jamais un mâle et une femelle mais toujours un homme et une femme », c'est-à-dire deux personnes humaines reconnues comme telles par la société. Cette reconnaissance a beaucoup d'importance. Toute société s'est toujours sentie concernée par la régulation de la sexualité.

Il y a bien quelques exceptions à cette institution du mariage fondée sur l'interdit de l'inceste. Finalement elles mettent en valeur l'universalité du mariage.

Il est important de montrer que la conviction de l'Eglise donnée par la Révélation est retrouvée par les ethnologues et les anthropologues. Bien entendu, cette institution fondatrice d'humanité se vit sous des modalités extrêmement diverses qui tiennent compte de la diversité des cultures et des civilisations.

Un exemple de cette diversité : la plupart des mariages de nos familles, il y a une centaine d'années (la mémoire familiale peut remonter à trois ou quatre générations), étaient « arrangés » par les parents ; et deux jeunes ne se mariaient que très rarement sans l'accord de leurs familles. Sans remonter au XVIIe siècle, où Jean Racine écrivait à son fils « qu'il a pensé le marier sans lui demander son consentement » (exemple cité par Fourastié dans « *Eléments de morale prospective* »). A l'heure actuelle, dans l'immense majorité des cas, les conjoints se choisissent eux-mêmes, et ils avertissent leurs parents de leur choix en les mettant devant le fait accompli. Ce changement important ne concerne que la société occidentale ; les parents ont encore leur mot à dire dans les sociétés africaines et arabes.

La diversité des modalités du mariage est réelle tant pour le choix des conjoints par les familles que par les intéressés, tant pour la préparation et l'entrée en mariage, pour la constitution des couples et le partage des rôles à l'intérieur des familles, pour l'éducation des enfants et la place des personnes âgées et de la parenté.

Mais à force d'insister sur la diversité, on risque d'oublier l'universalité de l'institution matrimoniale.

Deuxième niveau de la conviction de l'Eglise sur le sens du mariage : Le Sacrement de Mariage

Il concerne les catholiques baptisés. Il n'est pas inutile de rappeler que le sacrement de mariage n'a pas été inventé au XIIe siècle, même si la théologie du sacrement a été davantage élaborée à partir de cette époque. Des vulgarisations de travaux de grands historiens l'ont prétendu. Là encore il y a beaucoup d'ignorance. La vie précède la doctrine et son approfondissement. Le sacrement de mariage remonte aux tout-débuts de l'Eglise, même s'il a fallu du temps pour approfondir sa formulation. Les premiers chrétiens vivaient la réalité humaine du mariage avec un sens autre que les non-chrétiens. Et ce vécu des chrétiens donnait à la réalité humaine du mariage une signification nouvelle qui a peu à peu transfiguré cette réalité. Il suffit de se référer aux Epîtres de Paul et aux écrits des premiers chrétiens pour le constater. Je me contente de rappeler *le chapitre 5 de l'Epître aux Ephésiens.*

Je commence par répondre à *deux objections* que l'on adresse habituellement à ce texte :

1. St-Paul parle de *la soumission de la femme* : est-il misogyne ? Ne pas oublier que, dans la législation juive, lorsqu'un homme se fiançait, il le faisait par un contrat passé entre lui et le père de sa fiancée, laquelle n'avait qu'un droit : celui de se taire. Et le mari, je le répète, avait le pouvoir de répudier sa femme ; mais ce n'était pas vrai en sens inverse. Paul ne cherche donc pas à modifier la situation culturelle existante, mais il demande aux chrétiens de la vivre autrement. Et cela change tout. La relation de soumission de la femme au mari devient une relation de réciprocité :

Paul commence par dire « vous (hommes et femmes) qui craignez le Christ, soumettez-vous les uns aux autres (verset 21) ; il écrit ensuite : « maris, aimez vos femmes ... ». C'est entièrement nouveau ; aucun des contemporains de Paul n'aurait jamais eu l'idée de dire cela.

Se rappeler aussi la phrase « il n'y a plus ni juif, ni grec, ni esclave, ni homme libre ni l'homme et la femme » (Galates 3, 28), affirmant ainsi la pleine égalité de tous, contrairement à la prière juive à peu près contemporaine : « Seigneur je te remercie de ne m'avoir fait ni grec, ni esclave, ni femme (sic) ».

2. St-Paul écrit que « *le mari est chef comme le Christ* » : Ne maintient-il pas la femme dans une situation de dominée ? Non, car il ne faut pas oublier la manière dont le Christ exerce son autorité, sa Seigneurie, par exemple, dans l'Epître aux Philipiens, ch.2. Le Christ est au-dessus de l'homme, de même que, selon la législation, l'homme est au-dessus de la femme. Mais, par son mouvement de « kénose », le Seigneur s'est fait Serviteur ; Il s'est placé en-dessous pour être au service de l'homme. De

même, l'époux – et pas seulement la femme – est appelé à un tel mouvement. Le dominant ne domine plus.

Voir également Jean, chapitre 13 : le lavement des pieds : « Vous m'appelez Maître et Seigneur et vous dites bien, car je le suis ». Mais le Christ lave les pieds de ses disciples et, dans la position du Serviteur à genoux devant eux, il leur révèle que l'humilité est le cœur de l'amour. Le couple est clairement invité à ne plus vivre des rapports de domination mais à s'aimer dans l'humilité réciproque.

Malgré des faux plis et des déviations, ce ferment évangélique a transformé lentement mais sûrement la pâte humaine. L'égalité entre l'homme et la femme – du moins dans nos sociétés occidentales – a beaucoup progressé. Matthieu 19 et Ephésiens 5 y sont sans aucun doute pour quelque chose. Connaissez-vous l'anecdote de Thierry d'Argenlieu, ce Carme redevenu marin pendant la guerre de 40-45 ? Il gardait prisonnier un amiral japonais qui, tout en étant agnostique, aimait bien parler avec lui des diverses religions. Il lui confie un jour que s'il devait en choisir une, ce serait le christianisme. Car c'est la seule religion, estimait-il, qui ait vraiment favorisé la promotion des femmes.

Après avoir écarté deux objections, j'en arrive *au sens profond* du chapitre 5 de l'Epître aux Ephésiens : « *Ce mystère est grand ; je déclare qu'il concerne le Christ et l'Eglise* ».

Mystère, ce n'est pas ce que l'on ne peut pas comprendre, connaître. Mystère, c'est la réalité que l'on n'a jamais fini de découvrir et de connaître. Une personne humaine est un mystère comme Dieu est un mystère. On n'a jamais fini de la découvrir. Durant une randonnée de montagne, un jeune de vingt ans s'exclame : « toute une vie avec une seule femme, que ce doit être monotone ! » Une jeune fille lui répond prestement : « ce sera monotone si tu ne considères pas ta femme comme une personne humaine ». Sans le savoir, cette jeune fille était personnaliste.

L'union de l'homme et de la femme est aussi une réalité que l'on n'a jamais fini de découvrir. Mais elle révèle, elle fait connaître une autre réalité que l'on n'a jamais fini non plus de découvrir : l'union du Christ et de l'Eglise, le Christ étant l'Epoux, l'Eglise étant l'Epouse. La simple alliance d'un homme et d'une femme devient le signe, le sacrement de la grande Alliance que Dieu veut réaliser avec toute l'humanité et que le Christ a commencé de réaliser avec l'Eglise, portion d'humanité qui a accueilli consciemment cette Alliance.

Un tel texte ouvre des perspectives considérables sur le sacrement de mariage ; tellement considérables que beaucoup n'en ont pas conscience. Je sais par expérience que, dans les réunions de préparation au mariage avec des jeunes peu ou mal-croyants, il n'est pas possible d'aborder directement cette signification du sacrement. Mais telle est sa vérité profonde. Il s'agit de bien la situer.

Paul n'utilise pas simplement une comparaison : de même que l'homme et la femme s'unissent, font alliance, de même le Christ s'unit à l'Eglise pour que Dieu s'unisse à toute l'humanité. Paul dit davantage ; il y a comme un retournement. Il montre que c'est la même réalité. L'homme et la femme s'unissent de la même union dont le Christ s'unit à l'Eglise. Maris, aimez vos femmes comme le Christ a aimé l'Eglise, ce n'est pas simplement une comparaison : c'est le même amour dans l'une et l'autre situation. Une telle phrase renvoie à ce que le Christ dit : « Aimez-vous les uns les autres *comme* je vous ai aimés ». Le Christ nous appelle à nous aimer du même amour dont il nous aime et qu'Il nous communique par son Esprit.

Vous comprenez pourquoi l'Eglise tient au mariage comme réalité sociale et sacramentelle : il est comme une vitrine de l'amour de Dieu et de la grandeur humaine. Dans le mariage, Dieu se donne à voir et la personne humaine découvre son identité profonde.

Le sacrement apporte trois significations nouvelles qui transfigurent la réalité humaine :

1. *La fidélité pour toujours à la suite du Christ, l'indissolubilité.*

Théoriquement, l'amour rime avec toujours. L'indissolubilité est de l'ordre de la réalité humaine, de ce qui correspond au désir du Créateur. St-Thomas d'Aquin disait, à juste titre, qu'elle est un « vœu » de la créature. Mais il faut reconnaître que pratiquement aucune société n'a fonctionné ainsi. Elles ont toutes plus ou moins toléré le divorce. Est-ce qu'à cause de la faiblesse humaine, marquée par le péché, l'indissolubilité est possible en dehors de l'union au Christ ?

Par le sacrement, le Christ rend l'homme et la femme capables de sa fidélité. Lui qui « s'est donné une fois pour toutes », Lui qui fait Alliance de manière irréversible, Il rend l'homme et la femme capables de se donner une fois pour toutes, de « faire alliance » de manière définitive et irréversible. En utilisant une comparaison simple, on peut dire que le sacrement n'est pas une vitamine contre les difficultés ni un vaccin contre les crises (les réalités psychologiques des couples mariés sacramentellement sont les mêmes que celles des autres couples ; eux aussi ont à recourir parfois aux « médecins de l'amour » que sont les conseillers conjugaux, les psychologues etc...). Le sacrement est comme une greffe de cœur qui permet progressivement d'aimer comme Dieu aime, d'être fidèle comme le Christ est fidèle. A condition de cultiver cette greffe par la prière, la pratique sacramentelle, la vie en Eglise.

2. La deuxième signification nouvelle qui transforme de l'intérieur la réalité humaine est *celle du pardon « jusqu'au bout»* (Jean 13, 1) *à la suite du Christ.*

Bien entendu, des époux non-chrétiens peuvent se pardonner. Le pardon est essentiel à l'expérience humaine. Mais le pardon total, lorsqu'il n'y a plus de réciprocité dans l'amour, est-il possible en dehors de l'union consciente au Christ ?

Or le Christ rend des chrétiens capables de continuer à aimer lorsqu'ils ont été injustement abandonnés ou lorsqu'il y a un échec grave qui conduit à la rupture de la vie commune. En Pastorale Familiale, nous sommes témoins, par exemple, dans un mouvement comme Renaissance, de femmes qui sont capables de continuer à vivre leur fidélité au Christ à travers leur séparation ou leur divorce, lorsqu'il n'y a plus de réciprocité de l'amour.

3. Le mariage et la famille qu'il fonde ne sont pas des absolus.

La seule réalité absolue est l'Alliance. Elle est signifiée également par le mariage et par ceux qui choisissent le célibat en vue du Royaume. Le Christ a vécu ainsi. Il nous a montré qu'on peut être un homme en plénitude sans fonder de famille, sans être marié, sans avoir de relations sexuelles. Le célibat vécu dans la continence n'est pas une tare, un handicap, une dévalorisation. Cela n'a jamais été très bien accepté, maintenant moins que jamais. J'ai eu récemment une discussion, dans un train, avec un homme d'une trentaine d'années. Il est bien de sa génération « nihiliste » : « Si j'échoue dans ma vie d'entreprise ou ma vie affective, ce qui est extraordinaire, c'est que j'ai la possibilité de me suicider ». Il m'a tenu froidement de tels propos. Puis nous avons discuté du célibat : « Je me demande si l'on peut *être normalement constitué* et vivre sans relations sexuelles ». « Oui, ai-je dit, on peut vivre dans le célibat et la continence. Je vis ainsi pour ressembler le plus possible au Christ, sans mépris de la sexualité ». Jean-Paul II a ce très beau texte :

« *Le mariage et la virginité ou célibat pour le Royaume sont les deux manières d'exprimer et de vivre l'unique mystère de l'Alliance de Dieu avec son peuple. Là où il n'y a pas d'estime pour le mariage, il ne peut pas y avoir non plus de virginité consacrée. Là où l'on ne considère pas la sexualité humaine comme un grand don du Créateur, le fait d'y renoncer pour le Royaume des Cieux perd son sens* » (*Familiaris consortio* n° 16).

III – Comment éduquer, inviter au mariage ? Quelques « points-rencontre », quelques éléments de pédagogie.

Il ne suffit pas d'affirmer la conviction du mariage en s'appuyant sur la Parole de Dieu et la Tradition de l'Eglise. Il est nécessaire de la justifier et de montrer en quoi cette institution est fondatrice d'humanité, est humanisante, comment elle sert la vérité et l'épanouissement de l'amour. Un travail de réflexion en Eglise est indispensable pour approfondir et justifier cette conviction.

1) *Le mariage exprime la dimension sociale de l'amour.*

« Les amoureux sont seuls au monde » ; ce refrain est connu ; c'est une étape de la rencontre amoureuse. Mais, au fur et à mesure du mûrissement de l'amour, cette étape va être suivie de beaucoup d'autres. Celle de la reconnaissance sociale est très importante. Celle-ci est nécessaire pour la profession ; tout le monde en convient. Notre société doit redécouvrir que la situation affective n'est pas que du domaine purement privé. Le social concerne non seulement le public mais aussi le privé, comme le précisait Jean Lacroix dans un livre remarquable, publié en 1947 : *Force et faiblesse de la famille.*

Un couple de jeunes, ayant vécu ensemble durant plusieurs mois, me disait : « Nous nous sommes rendus compte que notre amour ne concerne pas que nous deux mais, bien entendu, nos parents et nos familles, nos collègues et nos amis ». Tel autre disait, dans un débat télévisé : « On ne se marie pas pour soi, on se marie pour les autres ». C'est très vrai. Nous ne sommes pas des Robinson Crusoé, vivant chacun dans son île ; nous sommes des personnes humaines reliées les unes aux autres et responsables les unes des autres. Nous ne sommes pas, nous ne pouvons pas être des individus isolés les uns des autres qui penseraient « chacun pour soi, la société pour tous ».

L'interaction entre ce qui est vécu par les couples, les familles d'une part, et la société d'autre part est une évidence. Si les couples sont heureux et les familles équilibrées, la société en profite. A l'inverse, si les couples et les familles sont perturbés ou instables, cette instabilité a des conséquences sociales. De son côté, la société peut favoriser ou gêner l'épanouissement des couples et des familles, ne serait-ce que par les conditions de travail et de logement. Il est certain également que les personnes se développent dans la mesure où elles peuvent exercer des responsabilités sociales. Le couple ne peut pas être un nid douillet où l'on se réfugierait en se désintéressant de la vie sociale.

Le mariage exprime un double engagement : engagement du couple envers la société et engagement de la société envers le couple. Il y a des droits et des devoirs réciproques. Il est sûr que les jeunes, de par le chômage, ont beaucoup de difficultés à s'insérer dans le monde du travail et donc dans la société. Or, l'insertion dans la société, à l'heure actuelle, se fait principalement par l'insertion professionnelle. Mais les jeunes se rendent compte que leur situation affective doit être reconnue socialement pour qu'ils puissent bénéficier, par exemple, d'une allocation logement ou d'une réduction SNCF ; il leur faut un certificat de concubinage en bonne et due forme, délivré par la mairie.

Certains concubins, paraît-il, passent devant notaire un contrat de concubinage pour que le partage des biens soit réalisé le moins mal possible en cas d'éventuelle rupture ! Comme quoi, s'il existe une dissociation entre la vie économique et la vie affective, elle n'est pas et ne peut pas être radicale.

Il est vrai que l'expérience commence à montrer que, sans contrat qui assure une certaine justice, c'est le plus faible, le plus démuni qui subit les conséquences négatives d'une séparation dite « à l'amiable ». Qu'on le veuille ou non, l'être humain est un être social. La Révolution Russe de 1917, qui avait brutalement supprimé le mariage, l'a rétabli quelques années plus tard, constatant à l'usage les dégâts multiples dûs à son absence.

*Au fond, la crise du mariage révèle la crise des relations sociales.*Si une forme de mariage s'éboule, c'est qu'une forme de société s'éboule. Aussi la question se pose : quel tissu social faut-il construire ou reconstruire ? Quelles relations humaines faut-il développer ? Quelle place trouver ou inventer pour les groupes intermédiaires et institutions entre les individus et la grande Société ? Quelle place pour la vie associative ?

Lorsque nous préparons au mariage, nous faisons prendre conscience aux jeunes que leurs engagements sportifs, culturels, associatifs, syndicaux, bénéficient ou pâtissent des équilibres ou déséquilibres affectifs.

2) *Le mariage révèle que l'amour est décision.*

C'est la décision qui caractérise l'être humain. Ce qui le différencie d'avec l'animal, c'est que l'être humain a la capacité de prendre des décisions où il engage sa vie. Il est capable de se donner pour toujours et d'accueillir l'autre pour toujours. Peu à peu, il apprend à aimer en vérité et, lorsqu'il sera complètement humanisé, lorsqu'il aura reçu de Dieu sa plénitude humaine, il pourra aimer comme Dieu aime, d'un amour qui ne sera plus que de l'amour.

Quand on est jeune, il est normal de se chercher et il faut respecter ce temps de recherche. Mais, à un moment donné, il faut franchir un seuil, cesser de butiner, prendre un sillon et le creuser, l'approfondir. Le Livre de la Genèse dit bien qu'il faut « quitter son père et sa mère » pour prendre époux ou épouse. L'amour comporte un seuil irréversible, comme le don de la vie humaine. Celle-ci, une fois qu'elle est donnée, ne peut pas revenir en arrière. L'amour adulte non plus. Il ne peut pas y avoir de vie humaine à l'essai. Il n'y a pas d'amour à l'essai.

C'est que la personne humaine ne se prête pas : ou elle se garde ou elle se donne à l'autre en voulant le recevoir. Certes elle a tendance à profiter de l'autre, à le considérer comme un objet qu'elle utilise tant qu'elle en a besoin. Mais l'amour vrai n'est pas que sentiment, plaisir, attirance : il est don de soi gratuit, désintéressé, pour réaliser le bonheur de l'autre et ainsi trouver le sien. Il est volonté, engagement, décision.

Cette décision s'exprime, à un moment donné, dans une parole publique manifestée dans un rite : « Oui, je le veux ». D'où l'importance du mariage civil – j'y reviens. Il faudrait valoriser ou même inventer des rites matrimoniaux qui soient signifiants pour les mentalités actuelles.

Certes, une telle décision comporte des risques et la possibilité de l'erreur et de l'échec. Mais rien de ce qui est humain ne se fait sans risques, sans aventure. Si tout était joué d'avance, sans responsabilité de notre part, à quoi bon vivre ? Un jeune marié me confiait ceci : « Nous avons de la chance dans notre société ! Avant, quand on se mariait, c'était par tradition. Maintenant si on se marie, c'est un choix que l'on pose. Pour nous il en est ainsi. Et je peux vous assurer que l'engagement à vie dans le mariage procure des joies que nous n'aurions jamais soupçonnées auparavant ».

La cohabitation ne favorise-t-elle pas plutôt l'indécision ? Si l'on ne s'engage pas par peur de l'échec, on a encore moins de chances de réussir. Autre question : où et quand les jeunes, même les adolescents et les enfants, prennent-ils des décisions qui les aident à grandir en humanité, à prendre leurs responsabilités ? Vous connaissez la parabole : « Parce que tu as été fidèle en de petites choses, je t'en confierai de plus grandes ». Le jeune doit expérimenter, doit faire l'apprentissage de petites décisions qui le feront progresser dans le dynamisme créatif de sa personnalité. Ainsi, sera-t-il capable, un jour, dans la confiance en lui-même et en l'autre, dans la responsabilité, de s'engager pleinement dans la décision d'un amour total. On passe beaucoup de temps à la formation professionnelle. N'y aurait-il pas beaucoup plus de temps, d'argent et de compétence à investir dans la formation affective ? Elle est assurée, en partie, par la famille dont le rôle est irremplaçable. Mais il n'est pas unique. Qui soutient les familles et prolonge leur action ?

3) *Le mariage fait progresser la vérité de l'amour.*

Quelle image de l'amour est prédominante à l'heure actuelle chez les jeunes, mais aussi, chez beaucoup d'adultes ? N'est-ce pas une image de rêve, entretenue par la publicité et renforcée par le miroir des médias ? Cet amour de rêve, nous le portons tous dans l'inconscient, depuis notre petite enfance, amour fusionnel avec notre mère, amour parfait, tout-puissant, sans failles ni difficultés. C'est un rêve illusoire de perfection et de toute-puissance dont il faut se dégager pour parvenir à la maturité. Il est nécessaire de passer du rêve à la réalité, en favorisant la maturation de l'imaginaire.

L'amour, inévitablement, passe par des crises, des incidents de parcours, des conflits. Un homme marié depuis trente-cinq ans me disait récemment : « nous nous sommes souvent disputés, ma femme et moi, mais nous nous sommes rendus compte que le bonheur conjugal n'est pas l'absence de conflits ». Or, notre société a tendance à dire que le conflit est un échec. Non, le conflit peut permettre la progression de l'amour, grâce à la réconciliation et au pardon. Déjà d'un point de vue simplement humain, le pardon est capable de recréer l'avenir de l'amour, alors que celui-ci ne paraissait plus possible.

La fidélité n'est pas orientée vers le passé mais vers l'avenir. Elle n'est pas statique mais dynamique. Il ne s'agit pas de perpétuer un instant d'émotion ; il s'agit de mûrir dans sa personnalité et de faire mûrir celle de l'autre pour continuer à bâtir son couple. Lors du 25e anniversaire du C.L.E.R. (qui s'occupe de l'éducation affective et sexuelle des jeunes, comme les C.P.M. s'occupent de la préparation au mariage), a été cité le témoignage d'un couple qui a fêté ses cinquante ans de mariage. Le mari s'est magnifiquement exclamé : « lorsque je vois deux jeunes qui s'embrassent dans la rue, je dis : bravo la jeunesse, bravo le désir ! Mais quand je regarde ma femme les yeux dans les yeux, après cinquante ans, je dis : bravo l'amour ! »

L'amour fidèle mûrit à travers les déceptions et les difficultés inévitables. Il est capable de dire, non plus comme au début : « je t'aime à cause de telle ou telle qualité », mais « je t'aime malgré tel ou tel défaut, comme tu es, pour faire ton bonheur ». L'amour vrai sait qu'aucun être humain ne peut combler ses semblables ni être comblé par eux. Le couple idéal, parfait, n'existe pas. Je travaille régulièrement avec des conseillères conjugales ; elles insistent sur ce point. Il ne faut pas trop attendre de son conjoint ou de ses enfants en les idéalisant. Dieu seul peut répondre à notre désir d'amour infini, en creusant sans cesse notre désir. Dieu seul est l'Absolu vivant qui puisse répondre en plénitude à notre désir d'amour total dans son Alliance d'éternité. Notre société ne réduit-elle pas les désirs à des besoins qui sont satisfaits, comblés, tandis que le véritable amour va de désir en désir ?

L'amour véritable est non seulement fidèle mais aussi fécond. Notre société a tendance à réduire l'amour à la relation amoureuse entre deux conjoints. Le couple n'a pas à se considérer comme un absolu, à se replier sur lui mais à s'ouvrir sur les autres : les enfants, les grands-parents et la parenté élargie. La fécondité est biologique, avec la paternité et la maternité responsables, puis les tâches éducatives. Elle est aussi sociale et associative, à la mesure des possibilités de chacun. Les familles jouent un rôle irremplaçable dans la société.

4) *Le mariage exprime la dimension spirituelle de l'amour.*

Crise du couple et crise religieuse sont liées ; l'interaction est réelle entre les deux. L'Ancien Testament, dans son déroulement, nous montre bien que le développement du monothéisme est allé de paire avec celui de la monogamie. Dieu différent et semblable, Dieu tout-Autre et tout-Proche s'est peu à peu révélé dans l'amour entre un homme et une femme différents et semblables, qui s'aiment dans leurs différences et, à travers elles, dans leur altérité. C'est ainsi que peu à peu la polygamie a reculé.

Il y a crise de la relation entre l'homme et la femme, crise du couple, crise de la sexualité. Mais en positif il y a aussi une recherche de davantage de réciprocité entre hommes et femmes et entre conjoints, davantage de gratuité (on se marie moins par utilité). Ne pouvons-nous pas, dans l'espérance plutôt que la nostalgie, poser la question : l'approfondissement de la relation de réciprocité dans les couples ne peut-il pas favoriser un approfondissement de la relation de réciprocité avec le Dieu de Jésus-Christ, le Dieu de l'Alliance ? A l'inverse, l'approfondissement de la foi chrétienne et de la spiritualité de l'Alliance ne va-t-il pas permettre une redécouverte du sens chrétien du mariage et de la famille ?

Les hommes et les femmes ont des images renouvelées de leur vie de couple, de la sexualité, de leur masculinité et de leur féminité. Il est inévitable que ces changements aient une incidence sur l'image qu'ils ont de Dieu. Peut-être que ces changements sont une chance pour l'évangélisation ; pour que reculent certaines images primitives de Dieu, qui sont instinctives et non-chrétiennes ; pour que progresse chez davantage de gens la relation de réciprocité et de gratuité, et non pas d'utilité, que les saints ont eue depuis toujours avec le Dieu de Jésus-Christ. Saint-Bernard, au XIIe siècle, a écrit une phrase étonnamment moderne : « Nous existons pour entrer avec Dieu dans une relation, sinon d'égal à égal, du moins de réciprocité ». Est-ce que ce qui mûrit dans les couples d'aujourd'hui avec tant d'effervescence ne peut pas être orienté vers cela ? N'est-ce pas dans ce sens que nous pouvons évangéliser l'actuelle mutation de civilisation ?

Face à la crise du mariage, je vous ai proposé non un regard catastrophique mais évangélique, porté dans l'espérance. Dans une société qui se transforme en profondeur, le mariage est peut-être en train de passer de la nécessité à la liberté. En tout cas nous sommes sûrs de ne pas nous tromper en nous appuyant sur l'assurance de l'Eglise pour donner un sens renouvelé à l'institution matrimoniale et participer ainsi à la construction d'une nouvelle civilisation. Ne craignons pas d'inviter au mariage en parlant avec les jeunes et ceux qui n'ont pas découvert la signification du mariage, en écoutant leurs raisons et leurs motivations, en proposant les convictions de l'Eglise dans un dialogue sans intransigeance mais dans la confiance.

Bernard HOUSSET

CAHIERS DE L'INSTITUT CATHOLIQUE DE LYON

N° 10 FACULTÉS DE THÉOLOGIE DE LYON ET DE GENÈVE

CRITÈRES DE VÉRITÉS EN THÉOLOGIE ET EN PHYSIQUE

N° 11 **Paul Touilleux**

LA VIERGE MARIE DANS L'ÉCONOMIE DU SALUT

Préface de Maurice Joujon

N° 12

LA MUTATION DES MODÈLES MISSIONNAIRES AU XXe SIÈCLE

Cours de missiologie historique dirigé par J. Gadille

N° 13

LA PRIÈRE JUIVE

Une anthologie composée et présentée par Joseph Heineman (1915-1978)

Préface de Pierre Lenhard – Traduit de l'hébreu par Jean Desselier

N° 14

PREMIER COLLOQUE DU CENTRE
INTERNATIONAL D'ÉTUDES DU LIAS (C.I.E.L.)

N° 15

Actes des Journées irénéennes des 9-10-11 mai 1984

LA FOI ET LA GNOSE HIER ET AUJOURD'HUI : IRÉNÉE DE LYON

N° 16 **Agnès Von Kirchbach**

DIS-MOI CE QUE TU CHANTES

La confession de foi de l'Eglise luthérienne allemande à travers ses cantiques.
essai œcuménique
Avant-propos de Christian Duquoc

N° 17 GROUPE INTERDISCIPLINAIRE DE LA FACULTÉ DES SCIENCES

MÉMOIRE DE L'HUMANITÉ. DU NÉOLITHIQUE À LA BIBLE

N° 18 GROUPE INTERDISCIPLINAIRE DE LA FACULTÉ DES SCIENCES

ÉVOLUTION ET CRÉATION. DU BIG-BANG À L'HOMME

Société d'Edition Operex 74, rue de Rome, 75008 PARIS
Gérant : M. Coscas – Tél. 16/1 42 93 62 24

Dépôt légal Février 1988
Achevé d'imprimer par l'imprimerie JP à Décines (69)
ISSN 0243-8356 ISBN 2-903583-17-X